Sippe Vollmer – eine Suderöder/Gernröder Familien-Chronik

Bernd Sternal

Sternal Media

Bibliografische Information der Deutschen Nationalbibliothek
Die Deutsche Nationalbibliothek verzeichnet diese Publikation in der
Deutschen Nationalbibliografie; detaillierte bibliografische Daten sind
im Internet über dnb.d-nb.de abrufbar.

Impressum:
© 2019 Bernd Sternal
Herausgeber: Verlag Sternal Media, Gernrode
Gestaltung und Satz: Sternal Media, Gernrode
                    www.sternal-media.de
                    www.harz-urlaub.de

Umschlagsgestaltung: Sternal Media
Fotos & Abbildungen: Archiv B. Sternal oder siehe Bildlegenden

2. Auflage Januar 2020
ISBN: 978-3- 7504-2806-5
Herstellung und Verlag:
BoD- Books on Demand, Norderstedt

Einführung

Den Stammbaum, die Ahnentafel oder eine Familienchronik aufzustellen ist heute in der Regel nicht mehr ganz so kompliziert, wie vor dem digitalen Zeitalter. Es gibt dazu einige wirklich gute Rechercheportale im Internet und zudem sind viele Archive heutzutage bereits digitalisiert.

Nun kommt dennoch das große ABER: Wenn in früheren Zeiten keine schriftlichen Aufzeichnungen gemacht wurden, so können auch keine Rechercheergebnisse erzielt werden. Beim Adel wurden die Ahnentafeln gepflegt, viele beschäftigen damit auch Schriftsteller und Chronisten. Auch bei prominenten Bürgerlichen sind derartige Recherchen oftmals nicht sehr schwer, zum Teil hilft dort schon Wikipedia.

Das sieht bei den einfachen Menschen – „Otto-Normalverbraucher" – ganz anders aus. Über ihn hat niemand Aufzeichnungen angefertigt, zudem konnten diese Menschen häufig selbst weder schreiben noch lesen. Von ihnen bleiben nach ihrem Tod kaum Spuren. Die einzigen Quellen sind oftmals die Kirchenbücher: Dort wurden Geburten, Eheschließungen und Sterbedaten festgehalten. Jedoch sind diese Quellen kaum digitalisiert und sie zu lesen und auszuwerten fällt schwer. Ich weiß, wovon ich rede. Die Kirchenbücher sind handgeschrieben, die Handschrift wechselt sehr häufig, Rechtschreibregeln gab es nicht, die Texte sind zum Teil in Mundart, zum Teil auch in Latein nieder geschrieben, es herrschten ganz andere Ausdrucksweisen vor, die Dokumente sind in die Jahre gekommen und so weiter.

Glücklicherweise gab es zu allen Zeiten Menschen, die sich für ihre Familiengeschichte – Genealogie – interessierten und sich intensiv damit beschäftigten. Ein besonders glücklicher Umstand ist, wenn darüber Arbeiten angefertigt wurden, die erhalten blieben, denn viele historische Aufzeichnungen gingen leider in den vielen Kriegen – insbesondere im Ersten und Zweiten Weltkrieg verloren.

Für mich als Publizist, der sich schwerpunktmäßig mit geschichtlichen Themen der Harzregion beschäftigt, ist es ein besonderes Glück, dass mein Urgroßvater mütterlicherseits eine Familienchronik hinterlassen hat, die ich vor vielen Jahren von meinem Onkel Waldemar Vollmer jun. in Kopie erhalten habe. Es ist die Familiengeschichte der Familie

Vollmer, die besonders in Bad Suderode und Gernrode bleibende Spuren hinterlassen hat und die Waldemar Vollmer sen. (1870 - 1954) recherchiert, bearbeitet und zwischen 1925 und 1930 aufgeschrieben hat. Für die Folgezeit kommt erschwerend hinzu, dass die Generation des Zweiten Weltkriegs über ihr Leben oftmals wenig auskunftsfreudig war. Nun ist diese Kriegsgeneration fast ausgestorben und ihr Wissen ist für immer verloren, wenn es nicht schriftlich festgehalten wird.

Lange habe ich überlegt, ob ich diese Familiengeschichte intern aufarbeiten soll, oder öffentlich, also als Buch. Ich habe mich für letztere Variante entschieden, denn ich glaube, dass sich noch viele andere Menschen dafür interessieren könnten, denn der Name Vollmer ist ein „Allerweltsname", fast wie Müller, Meier, Schulze und hat in den verschiedensten Schreibweisen eine deutschlandweite Verbreitung. Zudem bleibt die Arbeit als solche, ob interne oder öffentliche Aufarbeitung, die gleiche. Und zudem ist die „Sippe Vollmer" mit vielen anderen Familien in Suderode, Gernrode und weiteren naheliegenden Orten durch Heirat eng verbunden.

Das Vorwort meines Urgroßvaters

„Familiengeschichte der Sippe Vollmer"

„Einen Stammbaum, eine Ahnentafel sowie eine geschichtliche Darstellung der Sippe Vollmer aufzustellen soll die Aufgabe sein, die ich mir in den nachfolgenden Blättern gestellt habe. Die Unterlagen hierzu entstammen meinem Denkvermögen, aus Erzählungen seitens meines Vaters und Großvaters, von älteren Verwandten sowie aus urkundlichen Schriften. Ich werde, da es der Anfang ist, nicht nur die geradlinige Abstammung verfolgen, sondern es soweit ausdehnen, als es geboten erscheint. Wer dann Interesse daran hat, kann seine Abstammungslinie weiterverfolgen. Diese meine Arbeit mit allen Anlagen und Beistücken soll stets in der Familie Vollmer bleiben und aufbewahrt werden, die männliche Nachkommen hat. Im gegebenen Fall also mein Sohn Waldemar. Zur Weiterführung ist der Stammbaum, die Ahnentafel und diese geschichtliche Darstellung durch einen Lebenslauf zu ergänzen. Ereignisse von besonderer Bedeutung sind darin aufzunehmen. Ich hoffe, daß meine Söhne sowie deren Nachkommen hierfür Interesse haben werden.

Gernrode/Harz, den 1. Januar 1930 – Waldemar Vollmer sen. (geb. 1870)"

Leider interessierte sich von Waldemars Kindern keines für eine Fortführung dieser Familiengeschichte: Es waren schwere Zeiten. Waldemar hatte 6 Kinder, doch diese hatten kriegsbedingt andere Sorgen und waren wohl teilweise intellektuell damit überfordert. Der älteste Sohn Waldemar Vollmer, geb. 29.7.1900, ich werde ihn fortan Waldemar nennen um Verwechselungen vorzubeugen, überlebte zwar den Zweiten Weltkrieg, starb dann jedoch 1945 in Leningrad in sowjetischer Kriegsgefangenschaft.

Erst die nächste Generation der Enkel und Nichten hatte dann einen gewissen Anteil an der Fortschreibung der Familiengeschichte sowie an deren Aufbewahrung.

Nun widme ich mich als Urenkel dem Erhalt, der Überlieferung und Fortführung der Familienchronik der Sippe „Vollmer".

In meiner Vollmer-Chronik sind zahlreiche Lücken geblieben und ich musste auch einiges ändern oder ergänzen, was mein Urgroßvater falsch, unvollständig oder gar nicht dargestellt hatte. Und da ich einige Kontakte zu noch lebenden Familienmitgliedern knüpfen konnte, zu denen meine Oma Margarete und auch meine Mutter Ingeburg keinen Kontakt hatten, ergeben sich immer neue Informationen. Wer also etwas an Informationen beizutragen hat, möge sich bei mir melden. Ich mache dann gern eine überarbeitete Neuauflage.

Bernd Sternal, November 2019

Waldemar Vollmer sen.

Namenforschung

Die Namenforschung, auch Namenkunde, Onomatologie oder Ono-
mastik, beschäftigt sich mit der Bedeutung, Herkunft und Verbreitung
von Eigennamen, unter anderem von Personennamen (Teilgebiet
Anthroponomastik).

Mein Urgroßvater schreibt dazu: „Die Schreibweise des Namens Vollmer ist in den Kirchenbüchern recht verschieden. Es wird abwech-
selnd von Vollmer, Volmer, Vollmar und in plattdeutscher Ansprache
wie Valmert berichtet: vergleiche Gevatterbriefe von 1805 - 1807. Das
Verwandtschaftsverhältnis ist aber einwandfrei festgestellt und es
handelt sich nur um ein und dieselbe Sippe Vollmer.

Laut Duden ist Volkmar altdeutsch folc+mari = Haufen, Schar, Volk + bekannt, berühmt, die Ausgangsform verschiedener Nachnahmen. Durch
Assimilation sind die Familiennamen Vollmer und Vollmar entstanden.

Erstmals schriftlich nachweisbar ist Volcmer (um 822/875) im ostfrän-
kischen Reich. In den verschiedensten Schreibweisen sind dann im
Mittelalter die „Vollmers" im gesamten westgermanischen Sprachraum wiederzufinden.

Es ist schwer den Namen regional zuzuordnen, zumal wir aus dem
Mittelalter kaum diesbezügliche Aufzeichnungen haben. Heute ist der
Name weltweit anzutreffen und verbreitet. Dennoch zeigt sich eine
Tendenz auf: Schwerpunkt in Deutschland ist Württemberg, gefolgt
von den USA – wohl bedingt durch die zahlreichen Auswanderungs-
wellen –, jedoch auch im nord- und mitteldeutschen Sprachraum ist
der Namen häufiger anzutreffen.

Versuchen wir uns nun auf den Ostharz zu fixieren, und zwar auf die
Quedlinburger Region. Der Name Vollmer tritt hier in einer breiten Viel-
fältigkeit auf: Voyge 1330 - 1350, Volerde ca. 1400, Fulrad 1417, Volk-
mann 1517, Volckman 1592,Volmar 1601, Folcmar und Volckmar 1603,
Volcklandt und Folsch 1607, Vollard, Fullert 1610, Vollbort, Volborth,
Vollbrod, Volpers alle 1616, Völkerling 1617, Völckschen 1639, Völck
1659, Volcksen 1656, Völcker und Vollmar 1665, Volks 1675, Volck
1694, Vollmer 1701, Wollmer 1708, Wollmar 1709, Völperling 1719,
Wulmer 1720, Vulpracht 1721, Vollbrecht 1737, Vollprecht 1773 usw.

Die Herkunft der Suderöder Sippe Vollmer

Im Kirchenbuch von Suderode erschien der Name Vollmer zum ersten Mal im Jahr 1725 und zwar mit folgendem Eintrag: „Am 17.11.1725 stand Joh. Christoph Vollmar Pathe bei meiner Tochter des Christian Alterwendter, die am obrigen Tage geboren ist."

Anmerkung von Waldemar Vollmer sen.: „Der Name Alterwendter erscheint im Kirchenbuch niemals wieder und es ist hiermit sicherlich Christian Winter der Ältere in plattdeutscher Sprache gemeint. Ich entsinne mich, daß während meiner Kindheit, also um die Jahre 1876 herum, in Suderode fast ausschließlich Plattdeutsch gesprochen wurde. Um 1725 herum sprach wohl alles platt. Bei der kirchlichen Anmeldung, die sehr oft von Nichtfamilienangehörigen erfolgte, die auch wohl nicht schreiben und lesen konnten, erfolgte dann solch Eintrag."

Der im Kirchenbuch genannte Joh. Christoph Vollmer erscheint im Suderöder Kirchenbuch kein zweites Mal, er muss daher als Pate von außerhalb hinzugezogen worden sein.

Der nächste Eintrag im Kirchenbuch von Suderode, der den Namen Vollmer erwähnt, ist erst für das Jahr 1762 zu verzeichnen. Es handelt sich um den Kalkbrennmeister Mathias Wilhelm Vollmer, der Justina Hahn heiratete. Dieser Vollmer wohnt zwar zur Zeit seiner Heirat in Suderode, seine Geburt ist jedoch im Kirchenbuch nicht vermerkt. Es muss daher davon ausgegangen werden, dass er aus einem anderen Ort zugezogen war.

Bei Recherchen in den Kirchenbüchern von Gernrode erscheint der Name Vollmer erstmals in folgendem Eintrag: „Am 28. Mai 1725 stand Viktor Volmer aus Quedlinburg, Gevatter bei dem Sohn des Hans Andreas Gruwe und seiner Frau Anna Barbara Schilling (Kind Viktor Christian).

Nunmehr steht fest, dass die Sippe der Vollmer in Quedlinburg sesshaft war und Waldemars Nachforschungen bestätigten das.

Auszug aus dem Kirchenbuch St. Nicolai zu Quedlinburg: „Taufregister 1699 – Viktor Bartolomäus Vollmer wurde am 24. oder 25. April 1699 zu Quedlinburg geboren und am 27. April 1699 dortselbst in der

St. Nicolaikirche getauft. Seine Paten waren: 1.) Viktor Buran Stud, 2.) Georg Bartolomäus Möhlnberg, Kirschner, 3.) Dorothea Margarete – Gottfried Wilhelm Puckens filia (Tochter)."

Sein Vater hieß Kaspar Vollmer. Der Name der Mutter ist in dem Eintrag nicht vermerkt. Kaspar Vollmer wurde um 1665 geboren. Er ist der Vater des etwa 1685 geborenen Andreas Christoph Vollmer, dessen Abstammungslinie der Suderöder Zweig angehört. Viktor Bartolomäus Vollmer wird auch derjenige sein, der 1725 in Gernrode Pate bei Hans Andreas Gruwe stand.

Andreas Christoph Vollmer

Geboren um 1685, verheiratet am 1.November 1707, gestorben?

In den Urkunden wird er als Bürger in Quedlinburg bezeichnet; sein Beruf ist unbekannt. Am 1. November 1707 verheiratete er sich mit Hedwig Elisabeth Etterwind. Angaben über die Eltern des Brautpaares sind im Trauregister nicht vorhanden.

Der Eintrag Jahrgang 1707 S. 241 Nr. 11 in der St. Wipertii-Kirche lautet: „Am 1. 11. 1707 wurden Andreas Christoph Vollmer, Bürger in Westendorf und Hedwig Elisabeth Etterwind kirchlich getraut. Aus dieser Ehe ging der Sohn Johann Christoph Vollmer hervor."

Johann Christoph Vollmer

Geboren am 9. August 1708, verheiratet am 20. Oktober 1738, gestorben? Er war der älteste Sohn von Andreas Christoph und dessen Ehefrau.

Das Taufregister der evangelischen Pfarrkirche St. Wipertii in Quedlinburg Jahrgang 1708 S. 342 Nr. 45 beurkundet: „Andreas Christoph Vollmer ist am 9. August 1708 ein Sohn namens Johann Christoph geboren und am 12. August 1708 getauft." Weitere Angaben wurden nicht gemacht.

Das Trauregister der St. Nicolaikirche zu Quedlinburg Jahrgang 1738 beurkundet: „Am 20. Oktober 1735 wurde Johann Christoph Vollmer, Bürger und Einwohner in Quedlinburg, mit Anna Marie Berger, Tochter des Valentin Berger, Einwohner in Suderode, kirchlich getraut." Es ist jener Johann Christoph Vollmer, der am 17.11.1725 bei Christian Winter Pate stand.

Bekannt ist, dass dem Ehepaar am 14.8. 1739 ein Sohn geboren wurde, der den Namen Mathias Wilhelm erhielt; weitere Kinder sind nicht überliefert.

Mathias Wilhelm Vollmer

Geboren am 14. August 1739, gestorben 6. Mai 1779.

Nach dem Eintrag im Kirchenbuch der St. Nicolaikirche zu Quedlinburg, Taufregister 1739, wurde am 14.8.1739 zu Quedlinburg Mathias Wilhelm als Sohn des Bürgers und Einwohners Johann Christoph Vollmer und dessen Ehefrau Marie Anna Berger aus Suderode geboren und am 16.8.1739 in der Pfarrkirche St. Nicolai getauft. Seine Paten waren: Johann Tobias Strunk, Peter Mathias Weber und Dorothea Margarete Wulfert.

Nach der Schulausbildung war er in einer Kalkbrennerei beschäftigt, ob diese in Quedlinburg oder bereits in Suderode lag ist nicht bekannt.

Mathias Wilhelm war der erste Vollmer, der seinen Wohnsitz in Suderode hatte und dort als Ortsansässiger im Kirchenbuch von Suderode mit folgendem Ersteintrag geführt wurde.

Heiratsregister 1762: „Der Junggeselle Mathias Wilhelm Vollmer allhier ist den 25.ten April 1762 mit Jungfer Johanna Justina Hahn copuliert worden. Seine Ehefrau Johanna Justina geb. Hahn ist am 7. März 1740 zu Suderode als Tochter des Just Cristi Hahn geboren."

Nach dem Dorf- und Bebauungsplan von Suderode wohnte er in der Kalkbrennerei, auch Gipshütte genannt, die sich am Ende der damaligen Friedrichsdorferstraße nach Gernrode zu befand. Es war das Gelände des späteren Otto-Bades. Ob die Gipshütte Wilhelm Vollmer damals schon gehörte, oder er dort nur als Brennmeister angestellt war, ist nicht festzustellen.

Ausschnitt aus der Karte Seite 12 mit dem Eintrag:
„12. Kalck-Hütte Johan Volmer Kalckbrenner".

Aus dieser Ehe sind, dem Kirchenbuch von Suderode nach, vier Kinder hervorgegangen: Johann Andreas Ernst, geb. am 12. April 1763; Johanna Katharina Elisabeth, geb. am 24. Mai 1765; Johanna Katharina Elisabeth, geb. am 24. März 1766 und Johann Christoph Caspar, geb. am 20. November 1767.

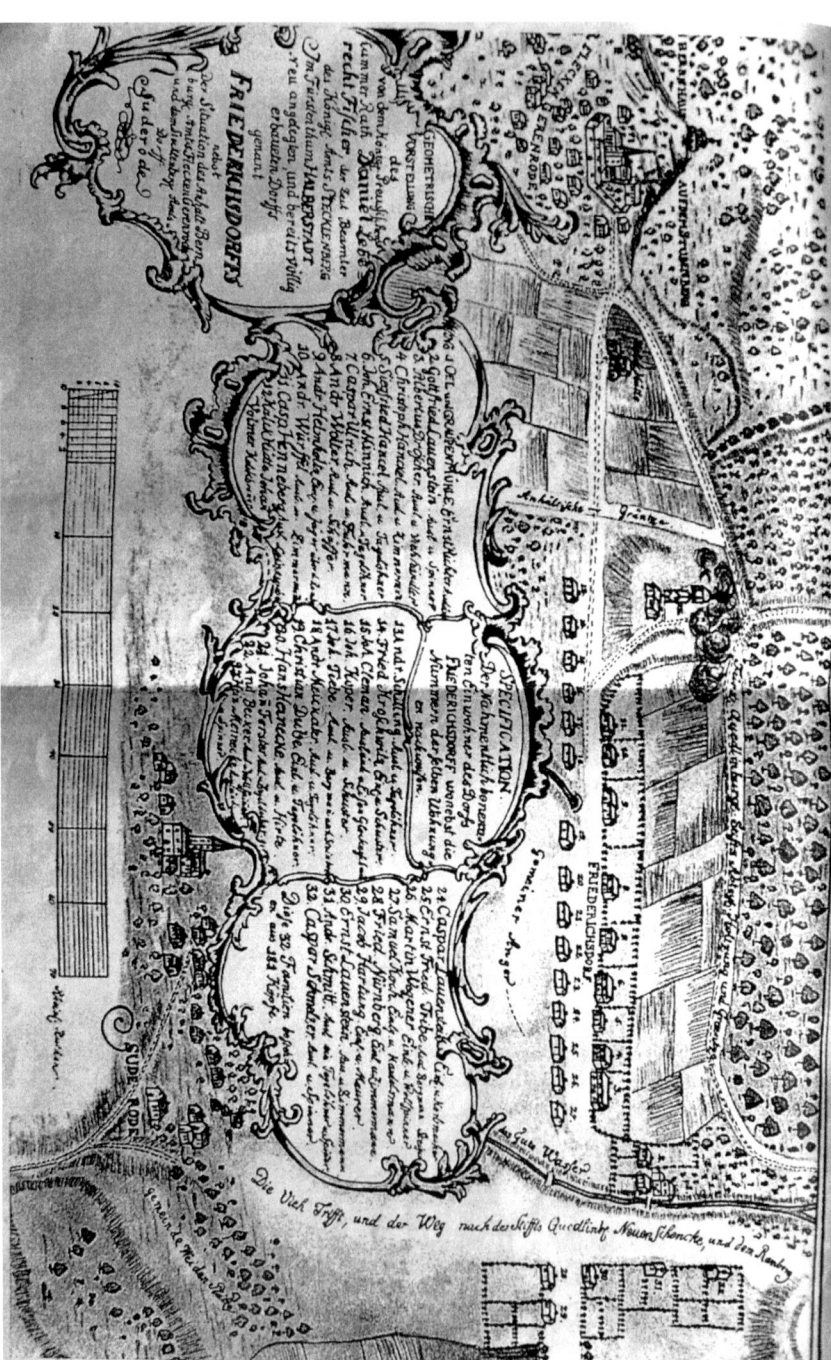

Wie ersichtlich ist, hatten beide Töchter die gleichen drei Vornamen. Sicherlich wird jede einen anderen Rufnamen gehabt haben, der jedoch nicht bekannt ist.

Ein Eintrag im Sterberegister 1767 des Kirchenbuchs von Suderode lautet: „Am 5. Januar 1767 ist Wilhelm Vollmer seine Tochter Elisabeth des Mittags um 11 Uhr gestorben und den dto begraben. Sie war ¾ Jahre alt und litt an Brustfieber." Sie muss wohl die jüngste Tochter gewesen sein.

Am 12. März 1772, also schon nach zehnjähriger Ehe, verstarb Mathias Wilhelms Ehefrau Johanna Justina. Der Eintrag im Sterberegister 1772 des Kirchenbuches von Suderode lautet: „Den Kalkbrennermeister Wilhelm Vollmer seine Ehefrau Johanna Justina geb. Hahn ist am 12. März 1772 gestorben. Alter 32 Jahre. Krankheit: Hitze, Herzensangst."

Bereits nach 3 Monaten, am 17. Juli 1772, heiratete Wilhelm Vollmer ein zweites Mal. Seine zweite Frau war die Tochter des Schulmeisters Joachim aus Suderode.

Der Eintrag im Trauregister 1772 des Kirchenbuchs von Suderode lautet: „Der Wittwer Mathias Wilhelm Vollmer, Kalkbrenner allhier, ist den 14. Juni 1772 mit Jungfer Friederica Dorothea Elisabetha Augusta Joachim des hiesigen Herrn Schulmeisters Johann Friedrich Joachim copuliert worden. Gott gebe ihnen beiden Gnade und Segen durch Jesus Christus."

Mit dieser zweiten Ehe ging eine Aufspaltung der Familie Vollmer in zwei Linien daher: Vollmer-Hahn und Vollmer-Joachim. Vom Zweig Vollmer-Hahn liegen keine weiteren Informationen vor. Es hat den Anschein, als wenn diese drei Kinder von Wilhelm Vollmer Suderode mit unbekanntem Ziel verlassen haben, denn sie werden nicht wieder in den Kirchenbüchern erwähnt.

Demzufolge können wir uns nur der Linie Vollmer-Joachim zuwenden. Aus dieser Ehe ist nur ein Sohn hervorgegangen.

Im Geburtsregister 1775 des Kirchenbuches von Suderode ist dazu vermerkt: „Am 7. Februar 1775 ist Johann Friedrich Christoph Volmer als Sohn von Kalkbrenner Wilhelm Volmer und Elis. Dorothea geb. Joachim geboren."

Auch diese Ehe war nicht von langer Dauer. Nach 7 Jahren, am 6. Mai 1779, verstarb Mathias Wilhelm Vollmer an „Schlagfluß" im Alter von 40 Jahren und wurde auf dem Friedhof in Suderode begraben.

Da fast alle Mitglieder der Sippe Vollmer ein überdurchschnittlich hohes Lebensalter erreichten, kann der Beruf des Kalkbrenners als Ursache für den frühen Tod vermutet werden. Dieser Beruf, wie auch der des Bergmanns, ließen kaum eine lange Lebenserwartung zu. Die Witwe Elisabetha Dorothea hat wohl nicht wieder geheiratet und auch ihr Sterbedatum ist nicht bekannt.

In diesem Zusammenhang gibt es noch zwei Einträge in das Sterberegister von Bad Suderode, die die Eltern von Dorothea Vollmer betreffen:

Sterberegister 1780: „Des jetzigen Schulmeisters Johann Friedrich Joachim seine Frau Dorothea Margarete, geb. Ringern, ist am 13. April 1780 zwischen 6 und 7 Uhr selig entschlafen. Todesursache: Herzensangst, Brustkrankheit (Alter 63 Jahre, 1 Monat, 16 Tage)"

Sterberegister 1799: „Johann Friedrich Joachim, hiesiger Kantor, starb den 18. Mai 1799 morgens 3 Uhr an der Brustkrankheit und wurde am 20. Mai beerdigt. Alter 79 Jahre, wenige etliche Monate."

Suderode hatte 1668 etwa 150 Einwohner und 30 Häuser. Friedrich II. veranlasste 1767 und 1776 die Ansiedlung von Kolonisten. Südlich von Suderode entstand so das Friedrichsdorf mit 55 Häusern. Es wuchs nach einiger Zeit mit Suderode zusammen. Im Jahr 1818 hatte Suderode 644 Einwohner und 128 Wohnhäuser.

Johann Friedrich Christoph Vollmer

Geboren am 7. Februar 1775, gestorben am 26. März 1838.

Als Friedrich 4 Jahre alt war starb sein Vater Wilhelm Vollmer, der Kleine wird also wohl kaum Erinnerungen an seinen Vater gehabt haben. Die Schule besuchte er in Suderode und wurde von seinem

Großvater, dem Schulmeister Joachim, unterrichtet. Nach der Schulentlassung erlernte Friedrich Christoph den Handwerksberuf eines Schuhmachers. Nach seiner Lehre, deren Ort nicht bekannt ist, wird er wohl, wie damals üblich, zunächst auf Wanderschaft gegangen sein. So wird er sicherlich auch nach Bernburg gekommen sein – heute ein Katzensprung – damals mehr als eine Tagesreise.

Zu vermuten ist, dass er dort Marie Reiß kennengelernt und sich in sie verliebt hat. Sie wurde am 8. Dezember 1799 seine Ehefrau. Der Vater von ihr war bereits verstorben, als die beiden sich kennenlernten. Daher wird Marie mit ihrer Mutter wohl zu Friedrich Christoph Vollmer nach Suderode gezogen sein, denn dort wurde die Heirat vollzogen.

Das Heiratsregister 1799 des Kirchenbuchs von Suderode berichtet: „Der hiesige Einwohner und Schuhmacher-Junggeselle Friedrich Christoph Vollmer, des hierselbst gewesenen Einwohners Kalkbrennermeisters Wilhelm Vollmers nachgelassenen ehelichen jüngsten Sohn zweiter Ehe wurde mit Jungfer Marie Elisabeth Reihs, des Herrn Heinrich Ferdinand Reihs, gewesenen Bürgers und Posamentiers (A.d.R. Kunsthandwerker, der Besatzstücke und Posamenten herstellt) zu Bernburg, einzigen nachgelassenen ehelichen Tochter nach dreimaligem Angebot am Sonntag Dom. 11 Advent als 8. Dezember ehelich eingesegnet."

Friedrich Christoph Vollmer war bei der Eheschließung 24 Jahre, seine Ehefrau 19 Jahre alt. Familienchronist Waldemar Vollmer schreibt dazu: „Wie mir mein Großvater – es war der aus dieser Ehe hervorgegangene zweitälteste Sohn, geb. 1803, erzählte, wohnten seine Eltern zuerst in der jetzigen Friedrichsdorferstraße auf der linken Seite im 3. Hause. In diesem Hause zeigte er mir auch die Steinstufe vor dem Kesselherd im Hausflur, wo sein Vater, von dem jetzt die Rede ist, seine Barschaft vermauert hatte, um das Geld vor dem Zugriff der durchziehenden Franzosen im Krieg 1800 - 1813 zu schützen. Später wohnte er dann „Hinter dem Schafstall", dies war die Benennung einer Dorfstraße. Diese ist heute das Grundstück Nr. 13 in der Bahnhofstraße." Ob es sein Eigentum war ist nicht zu ermitteln. In diesem Grundstück scheint er bereits die Schuhmacherei an den sprichwörtlichen Nagel gehängt zu haben und betrieb dort Landwirtschaft und Viehhandel. Hauptsächlich kaufte er wohl kleine Schweine von

den örtlichen Bauern und verkaufte sie dann im weiteren Umkreis weiter. Da es zu jener Zeit noch keine Eisenbahn gab und auch keine
motorisierten Fahrzeuge, so mussten die Schweine mühsam von Ort
zu Ort getrieben werden. Überliefert ist, dass er seine Schweine bis
nach Nordhausen, Aschersleben, Zerbst, Oschersleben und Magdeburg getrieben hat und somit teilweise wochenlang unterwegs war.

Aus dieser Ehe gingen 6 Kinder hervor:

1. 10.4.1801 Johann Heinrich <u>Karl</u> Friedrich
2. 25.10.1803 Johann <u>Gottfried</u> Christian
3. 2.3.1809 Heinrich <u>August</u> Friedrich
4. 27.2.1811 <u>Johanne</u> Marie
5. 28.7.1815 Johanne Marie Christine <u>Elisabeth</u>
6. 13.3.1818 Karl Friedrich <u>Wilhelm</u>

Am 26.3 1838 abends starb Friedrich Christoph Vollmer. Seine Ehefrau Marie geb. Reihs verstarb im Jahr 1864.

Im Sterberegister des Kirchenbuchs von Suderode ist dazu vermerkt:
„Marie Vollmer geb. Reihs, ist im Alter von 84 Jahren 3 Monaten und
24 Tagen an Altersschwäche gestorben.

Suderode, Aquarell 1843, Maler unbekannt

Von den 6 Nachkommen des Friedrich Christoph Vollmer führen nur
vier in die weitere Zukunft. Die Zweige von Karl und August Vollmer
sind aus unbekannten Gründen nicht weiter nachzuvollziehen. Der

wahrscheinlichste Grund dafür dürfte ein Wegzug aus Suderode an einen unbekannten Ort sein, denn es gibt keine weiteren Vermerke über die genannten Personen in den Suderöder Kirchenbüchern. Wären diese Personen in Suderode verstorben, so hätten sich sicherlich Einträge im Sterberegister finden lassen.

Vom ältesten Sohn Johann Heinrich Karl Friedrich, geb. 1801, ist noch bekannt, dass er geheiratet hat und zwei Töchter bekam: Klara und Lieschen Vollmer. Dann versiegen alle Nachrichten.

Ansichtskarte von Bad Suderode, Partie am Markt.

Auch von Heinrich August Friedrich, geb. 1809, ist bekannt, dass er geheiratet hat, der Namen seiner Frau ist jedoch unbekannt. Das Paar hatte anscheinend sieben Kinder von denen jedoch keine Daten überliefert sind, nur ihre Namen nach der Reihenfolge der Geburt:

- Karl Vollmer (keine weiteren Angaben)
- Eine Tochter unbekannten Namens, die einen Herrn Röber ehelichte.
- Friedrich Vollmer, der eine unbekannte Frau heiratete: das Paar hatte anscheinend drei Kinder. Die älteste Tochter heiratete einen Herrn Koch, aus der Ehe ging Tochter Margarete Koch hervor.

- August Vollmer, der eine namentlich nicht bekannte Frau heiratete.
- Friederike Vollmer, die einen Herrn Weber ehelichte.
- Anna Vollmer, über die nichts überliefert ist.
- Otto Vollmer, der eine namentlich nicht bekannte Frau heiratete und einen Sohn bekam.

Porträtfotografie der Johanne Marie Münch

Tochter Johanne Marie, geb.1811, heiratete zunächst einen Herrn Rutlebe, der Gastwirt in Suderode war. Aus dieser Ehe stammte Sohn Karl Rutlebe. Ihr Mann muss wohl verstorben sein, denn sie heiratete ein zweites Mal einen Herrn Münch, einen Vorfahren der Fleischerei Münch in Bad Suderode. Aus dieser zweiten Ehe stammt Tochter Wilhelmine Münch, die einen Herrn Fischer heiratete. Der Sohn aus dieser Ehe, Louis Münch, heiratete eine Frau Baars aus Stecklenberg. Das Paar Münch/Baar hatte zwei Kinder: Louis Münch jun., der eine Frau Eitze, Bäckertochter aus Allrode, ehelichte und Sohn Friedrich Münch, der eine Frau Toni Pohle heiratete und als Begründer der Fleischerei Münch gilt.

18

Todesanzeige von Johanne Marie Münch, geb. Vollmer

(Original im Nachlass von Heinz Münch)

„Heute Abend 9 Uhr entschlief sanft nach langem Leiden zu einem besseren Erwachen unsere gute Mutter, Schwieger-, Groß- und Urgroßmutter **Johanne Münch,** geb. Vollmer, im 88. Lebensjahre. Dies zeigen wir mit der Bitte um stille Teilnahme an.

Suderode, 28.Dezember 1898

Die trauernden Hinterbliebenen.

Die Beerdigung findet Sonnabend, Nachmittag 2 Uhr statt."

Karl Friedrich Wilhelm Vollmer

Geboren am 13.3.1818, gestorben am 27.4.1895

Wilhelm ging, so wie seine anderen Geschwister auch, in Suderode zur Schule. Ob er einen Beruf erlernt hat ist nicht bekannt. Er übernahm als jüngster Sohn den Viehhandel seines Vaters. In der Regel erhielt der erstgeborene Sohn das Geschäft seines Vaters. Warum das so geschah entzieht sich meiner Kenntnis.

Wilhelm heiratete am 18.11.1841 Karoline Dorothea Auguste Winter, die am 25.7.1815 in Suderode geboren wurde. Das Heiratsregister 1841 des Kirchenbuchs von Suderode hat dazu vermerkt: „Die Eltern der Braut sind Friedrich Winter, ehedem Zimmermann allhier und dessen Witwe Karoline Sophie geb. Hartung hier wohnhaft."

Wilhelm Vollmer hatte unternehmerisches Geschick, denn er baute den Viehhandel erheblich aus und betrieb zudem eine größere Ackerwirtschaft. Der Sitz seines Unternehmens befand sich mitten auf dem Markt in Suderode. Da sich sein Wohnhaus wie ein Rathaus in breiter Front auf dem Markt präsentierte, führte Wilhelm Vollmer den Beinamen „Rathausvollmer".

Seine Frau Dorothea verstarb am 11.11.1881. Über ihre Eltern ist folgendes in dem Geburtsregister des Kirchenbuchs von Suderode dokumentiert: „Jakob Hartung ist den 18.Oktober 1778 ein Töchterlein

Namens Johanna Sophie Karoline zur Welt geboren und am 24. Dito getauft. Die Zeugen sind: 1. David Lüdicke, Ackermann, Schwager in Neinstedt; 2. Johann Samuel Sanftleben, Colonist; 3. Sophia Hennigen, Nicolaus Hennigen Schuhmacher und Rothgerber allhier dessen Ehefrau; 4. Karoline Berger, Christian Berger Soldat, unter dem anhaltischen Regiment, dessen Ehefrau."

Im Sterberegister 1826 des Kirchenbuchs von Suderode ist vermerkt: „Johann Friedrich Winter Inquelin (Einwohner A.d.R.) und Zimmermann ist im Alter von 49 Jahren 11 Monaten am 22. November 1826 morgens um 10 Uhr an Nervenkrankheit gestorben."

Bad Suderode, Harz. Markt mit Kriegerdenkmal.

Über Friedrich Johann Winters Eltern ist folgendes bekannt: Sein Vater war Johann Winter und wurde am 22.3.1744 in Westeregeln geboren (Westeregeln gehörte dem Stift Gernrode) und seine Mutter war Sofia Wendehack aus Eilsdorf im Huy.

Sterberegister 1851: „Karoline Sophie Johanna Winter geb. Hartung, Witwe des verstorbenen Zimmermanns Johann Friedrich Winter, ist im Alter von 72 Jahren 3 Monaten 6 Tagen am 23. Januar 1851 mittags gegen 12 Uhr an Altersschwäche gestorben."

Aus der Ehe Vollmer-Winter sind 4 Kinder hervorgegangen:

1. Wilhelm, geb. am 29.1.1844, gestorben 1930
2. Dorothea, geb. 1847, heiratete später den Postsekretär Löffler (1832-1924), gestorben 1924.
   Das Paar hatte eine Tochter Ilse Oehmke, geb. Löffler, die ich als Kind noch kennengerlernt habe und die in Gernrode in der Goethestraße 12a gewohnt hat.
3. Louis, geb.?, blieb ledig und wurde geheimer Rat im Auswärtigen Amt sowie im Reichskanzleramt.
4. Theodor, geb. 1854; verheiratet mit Anna Hinze, Tochter des Bäckermeisters Hinze in Suderode. Die Ehe blieb ohne männlichen Nachkommen.

Friedrich Wilhelm Vollmer starb am 27.4. 1895 in Suderode, seine Ehefrau Dorothea, geb. Winter, war bereits am 11.11.1881 verstorben.

Johanne Christiane Maria Elisabeth Vollmer

Marie Elisabeth wurde am 28.7.1815 als jüngste Tochter von Friedrich Christoph Vollmer und dessen Ehefrau Marie geb. Reihs geboren.

Am 10. Januar 1841 heiratete sie Heinrich Wilhelm Friedrich Winter, der am 18.8.1809 in Suderode geboren wurde. Die Eltern des Ehemanns waren Johann Friedrich Christoph Winter (1777-1826) und Carolina Sophie Winter, geb. Hartung (1778-1850). Das Paar hatte einen Sohn, Johann Heinrich Andreas Winter (1852-1925).

*Porträt der
Johanne Christiane Maria
Elisabeth Vollmer*

*Porträt des
Heinrich Wilhelm Friedrich
Winter*

Auszug aus dem Taufregister

der evangelischen Pfarrkirche ——————

in *Bad Suderode*

Jahrgang *1815* Seite *2* Nr. *18*.

für die Abstammung wichtigen Angaben, die in dem vorbezeichneten Eintrag enthalten sind, müssen wiedergegeben werden;
auf andere Einträge darf jedoch zur Ausfüllung nicht zurückgegriffen werden.

	Name, Vornamen, Geburtstag, Geburtsort, Tauftag usw.
Täufling:	*Johanne Christiane Marie Elisabeth Vollmer. geboren den 28. 7. 1815 getauft den 13. 8. 1815*
	Name (Geburtsname der Mutter), Vornamen, Beruf, Wohnort usw.
Eltern:	*Johann Friedrich Vollmer u. Frau Marie geb. Reis.*

Register-Nr. *12/1890.*

Sterbeurkunde.

(Nur gültig in Angelegenheiten der Kranken=, Unfall=, Invaliditäts= und Altersversicherung sowie der Hinterbliebenen=Fürsorge.)

Vor= und Zuname sowie Stand des Verstorbenen: *Johanne Christiane Marie Elisabeth Winter geborene Vollmer. [...]*

Todes=Tag (in Buchstaben anzugeben) und =Ort: *zwanzigster April tausend achthundert neunzig zu Suderode*

Vor= und Familienname des Ehegatten: *Wilhelm Heinrich Friedrich Winter, verstorben, Handelsmann*

Vor= und Zuname sowie Stand des Vaters: *August Vollmer, verstorben, Handelsmann*

Vor= und Geburtsname der Mutter: *Marie Reis*

Sofern der Verstorbene Abkömmlinge nicht hinterlassen hat: Minderjährige Kinder des Verstorbenen sind vorhanden.

Bad Suderode , den *12. Januar* 19*37*

Der Standesbeamte
In Vertretung Leipke

18

Oben – Auszug aus dem Taufregister von Bad Suderode und
unten – Sterbeurkunde
der Johanne Christiane Maria Elisabeth Winter, geb. Vollmer.

23

Johann Gottfried Christian Vollmer

Geboren am 25.Oktober 1803 in Suderode, gestorben am 4. März 1896 in Suderode.

Gottfried wurde als zweiter Sohn des Schuhmachermeisters und Handelsmanns Johann Friedrich Vollmer und dessen Ehefrau Marie geb. Reihs geboren.

Mein Urgroßvater Waldemar Vollmer sen. schreibt zu seinem Großvater, den er noch 26 Jahre lang erlebt hat, folgendes: „Die Schule besuchte er in Suderode. Nach der Entlassung aus der Schule und der Konfirmation erlernte er das Bäckerhandwerk und war bei Bäckermeister Gutsmuth in Quedlinburg in Lehre. In Quedlinburg muss er dann auch in anderen Bäckereien als Geselle gearbeitet haben, denn, wie ich von ihm hörte, war er über die meisten Bäckereien von Quedlinburg informiert, auch über die, wo ich später gelernt habe.

Soldat war er in Berlin bei einem Garderegiment. Oft hat er mir erzählt, wie er mit dem Tornister auf dem Rücken seinen mehrwöchigen Urlaub in die Heimat, und zwar von Berlin bis Suderode zu Fuß, angetreten hat. Ich erfuhr auch von ihm, dass er dann unterwegs oft von einem Frachtfuhrmann aufgefordert wurde mitzufahren und dass er alles, was er in seinem Tornister hatte, ungehindert mit durch die Akzise nehmen konnte. Die Akzise war wohl die Zollbehörde vor den Toren der zu durchquerenden Städte.

Wann sich Gottfried Vollmer in Suderode selbstständig gemacht hat, ist mir nicht bekannt. Ebenso nicht, ob er die Bäckerei am Marktplatz in Suderode erbaute oder nicht. Reichlich spät hat er sich zur Ehe entschlossen, er war bereits 35 Jahre alt. Am 18. November 1835 verheiratet er sich mit Friederike Wolter, die erst 19 Jahre alt war."

Trauregister 1838 des Kirchenbuchs von Gernrode, S.145 Nr. 15.: „Johann Gottfried Christian Vollmer, Bäckermeister in Suderode, geb. am 12.10.1803, wurde am 18. November 1838 mit Johanne Friederike Margarete Wolter, geb. 9.7.1819 in Bärenrode, in der evangelischen Kirche Gernrode kirchlich getraut."

Von den Eltern der Braut ist folgendes bekannt: Schäfermeister Jakob Wolter in Gernrode und Elisabeth geb. Rechenberg. Die Mutter Marie

Elisabeth Rechenberg wurde am 26. November 1790 in Gernrode geboren. Ihre Eltern waren der Zolleinnehmer auf dem Haferfeld, Johann George Rechenberg und dessen Ehefrau geb. Vogtländer.

Der Vater von Gottfrieds Ehefrau Friederike war Schafmeister auf der Schäferei des Stifts von Gernrode. Diese Schäferei befand sich hinter dem Bach gegenüber der St. Cyriakuskirche. Das Zentrum der Schäferei lag in der Äbtissenstraße. Auf dem Gelände der Schäferei steht heute mein Elternhaus im Kirchweg 2, das von meinem Urgroßvater Waldemar Vollmer gekauft wurde.

In dieser Schäferei – als Blähhof bezeichnet – wohnten auch Gottfrieds Schwiegereltern. Waldemar Vollmer sen. berichtet, dass ihm sein Großvater erzählte habe, dass ihm auf diesem Gehöft, als er seine Braut einmal besucht habe, die Schäferhunde seinen Gehrock vom Leibe gerissen hätten.

Da Gottfrieds Ehefrau Friederike Wolter nachweislich in Bärenrode geboren wurde, was eigentlich nur ein Gut darstellte, kann angenommen werden, das Bärenrode zum Stift Gernrode gehörte. Im Sommer wurden dann die großen Viehherden auf die Hochharzer Weiden getrieben. Dabei wurden die Schäfer von ihren Familien begleitet. So erblickte wohl auch Friederike das Licht der Welt in Bärenrode.

Wie weiter berichtet wird, waren Gottfried und sein Riekchen, wie er sie stets liebevoll nannte, sehr strebsame Leute. In den ersten Jahren ihrer Ehe schafften sie immer in einem Tragekorb Brot nach Quedlinburg. Der Weg von über einer Stunde musste mit der ganzen Last zu Fuß zurückgelegt werden. Gottfried erzählte seinem Enkel einmal, dass sie im ersten Jahr in ihrer Bäckerei 100 Taler verdient hätten und aus Freude darüber seien sie um den Tisch getanzt. Später dann hatten sie Pferde und Wagen und fuhren ihr Brot dann wagenweise nach Quedlinburg. Nebenbei betrieben sie eine umfangreiche Ackerwirtschaft. Die Bäckerei befand sich auf dem Markt, direkt neben dem späteren „Deutschen Haus". Es gingen aus dieser Ehe drei Kinder hervor:

1. Friedrich Vollmer geb. 17.Januar 1844
2. Karl Vollmer geb. am 19. Oktober 1845
3. Emilie Vollmer geb. 1855

Gottfried Vollmer ist am 4.3. 1896 gestorben und seine Ehefrau Friederike geb. Wolter am 10.8.1903. Beide sind auf dem Friedhof in Suderode begraben.

Karl Vollmer

Um den Gesamtzusammenhang verständlicher zu machen, ziehe ich nun den zweitgeborenen Sohn von Gottfried Vollmer, Karl Vollmer, seinem älteren Bruder Friedrich vor.

Karl Vollmer wurde am 19.10.1845 in Suderode geboren. Wie alle Kinder der Familie von Bäckermeister Gottfried Vollmer besuchte er die Grundschule in Suderode. Karl heiratete später in die Familie Wolter ein. Seine Ehefrau hieß Marin Wolter und lebte von 1855-1927. Das Paar bekam vier Kinder. Das älteste Kind war wohl ein Sohn der früh starb. Es folgte Tochter Emilie Vollmer, die einen Herrn Kanitz heiratete. Drittes Kind war Tochter Maria Vollmer, die einen Herrn Hulsch ehelichte. Letztes Kind war Tochter Gretchen, die einen Herrn Noack heiratete, das Paar bekam einen Sohn.

Emilie Vollmer

Auch Gottfried Vollmars jüngstes Kind, Tochter Emilie, möchte ich dem älteren Bruder Friedrich, der Übersichtlichkeit wegen, vorziehen. Emilie wurde 1855 geboren. Sie heiratete Förster Max Löbnitz aus Rosengarten bei Stettin, mit dem sie zwei Söhne bekam.

Wilhelm Vollmer

Geboren am 29.1. 1844, gestorben 17.2.1930.

Wilhelm war der erstgeborene Sohn aus der Ehe Vollmer-Winter. Er besuchte wie seine Geschwister die Schule in Suderode und wurde dort von dem angeblich sehr strengen Kantor Rannefeld unterrichtet. Nach der Konfirmation ging er bei seinem Vater in die Ausbildung. Er erlernte den Viehhandel und im Sommer wurde „geobstet". Dafür wurden große Obstplantagen, die meistens weit weg von Suderode lagen, gepachtet. Das Obst wurde dann gepflückt, in die größeren Städte geschafft und dort verkauft.

Wilhelm wurde in Quedlinburg im Infanterie-Regiment Nr. 67 Soldat und zwar zusammen mit seinem Vetter Friedrich Vollmer. Beide wurden Unteroffiziere und haben auch zusammen an den Feldzügen 1864 gegen Dänemark – Deutsch-Dänischer-Krieg -, 1866 gegen Österreich – Preußisch-Österreichischer Krieg – und 1870/71 gegen Frankreich teilgenommen.

Am 28.8.1869 heiratete Wilhelm die am 25.10. 1841 geborene Minna Süßespeck. Sie war eine Tochter des Ackerbauern Christian Süßespeck, geb. 19.12.1791 in Gernrode und dessen Ehefrau Karoline, geb. Joachim, die am 27. September 1812 in Ditfurt als Tochter des Försters Johann Albert Joachim und der Johanna Magdalene Joachim, geb. Ebert, geboren wurde.

Schwiegervater August Heinrich Christian Süßespeck war der Sohn des Müllermeisters August Emanuel Süßespeck, der am 2.6.1763 in Gernrode geboren wurde und der Sophia Louisa, geb. Hottelmann, die am 12.10.1765 in Gernrode geboren wurde.

Wilhelms Schwiegereltern, die Süßespecks, hatten ihre Landwirtschaft in Suderode. Ihr Ackerhof wurde „Edelhof" genannt und lag in der heutigen Bahnhofstraße. Es war einmal das Grundstück mit der Nr. 13, das prächtige Haus ist jedoch abgerissen worden.

Dieser Ehe entstammen 4 Kinder:

1. Klara, geb. am 28.12. 1869, später verheiratet mit dem Malermeister Fritz Leidenfrost. Aus der Ehe ging eine Tochter hervor, Frieda Leidenfrost, die später einen Herrn Schäfer heiratete. Als Frieda Schäfer ist sie mir noch bekannt und wohnte bis an ihr Lebensende in Gernrode, in der Goethestraße 6. Ihr gehörte dieses Haus, dass sie an Werner Grundmann verkaufte. Frieda Schäfer wurde am 30. März 1893 geboren und verstarb im Frühjahr 1987.

27

Wohnhaus der Ilse Oehmke (Seite 21) in der Goethestraße 12a in Gernrode.

Wohnhaus Frieda Schäfer in der Goethestraße 6, Gernrode.

2. Theodor, geb. am 21.9. 1872, später verheiratet mit Anna Träger aus Hoym. Aus der Ehe gingen 1 Sohn und 3 Töchter hervor. Theodor Vollmer war Fleischermeister, er begründete in Gernrode in der heutigen Clara-Zetkin-Str. 12 die Fleischerei Vollmer, die er nach dem 2. Weltkrieg an Otto Münch verkaufte, dem Onkel von Fleischermeister Richard Münch aus Bad Suderode. Ottos Sohn Heinz Münch führte die Fleischerei bis zu seinem Tode fort. Ältestes Kind war Sohn Wilhelm Vollmer jun. der Emmy Michel ehelichte. Aus der Ehe ging Sohn Jürgen Vollmer hervor. Es folgte Tochter Lenchen Vollmer, die unverheiratet blieb und in der Fleischerei ihres Vaters mitarbeitete. Drittes Kind war Tochter Anna Vollmer, die einen Herrn Hulsch heiratete. Viertes und jüngstes Kind war Tochter Hilda Vollmer, die wohl auch unverheiratet blieb und anscheinend Kindergärtnerin war. Nachdem Vater Theodor die Fleischerei verkauft hatte, erwarb er für seine zwei ledigen Töchter Lenchen und Hilda das Wohnhaus in der Clara-Zetkin-Str. 8 in Gernrode. Die zwei Frauen lebten dort bis zu ihrem Tode in den 1970er bis 1980er Jahren; ich habe sie noch persönlich kennengelernt. Wann und wo Lenchen und Hilda geboren und gestorben sind, konnte von mir bisher nicht aufgeklärt werden. Gleiches gilt auch für den Tod von Theodor Vollmer und seiner Frau.

3. Marie, geb. am 30.11.1874, später verheiratet mit Waldemar Vollmer sen.

4. Anna, geb. am 8.4. 1876, später verheiratet mit dem Dekorateur Hans Obermeyer aus Magdeburg. Aus dieser Ehe ging eine Tochter Elly Obermeyer hervor, die einen Herrn Saft heiratete.

Minna Vollmer, geb. Süßespeck, starb am 10.10. 1880 und hinterließ ihrem Mann vier kleine Kinder.

Wilhelm Vollmer ist am 13.2. 1930 gestorben. Das Ehepaar wurde auf dem Friedhof in Bad Suderode begraben.

Diese Familienlinien von Klara, Theodor und Anna wurden von meinem Urgroßvater nur sporadisch weiterverfolgt. Es ist mir daher auch nicht bekannt, ob diese Linien noch bestehen oder bereits erloschen sind.

Wohnhaus von Lenchen und Hilda Vollmer, Clara-Zetkin-Str. 8 in Gernrode.

Haus der Fleischerei Theodor Vollmer, später Otto Münch, in der Clara-Zetkin-Str.12.

Bahnhofstraße 13 – Edelhof

Edelhof

31

Gruß aus Bad Suderode/Harz, Felsenkeller.

Bad Suderode am Harz, Felsenkeller-Restaurant.

Suderode (Harz), Promenade am Felsenkeller.

Felsenkeller in Bad Suderode

Friedrich Vollmer

Geboren am 17.1.1844 in Suderode, gestorben am 4.1.1925 in Suderode. Er war das älteste Kind von Bäckermeister Gottfried Vollmer und dessen Ehefrau Friederike geb. Wolter. Friedrich besuchte die Schule in Suderode und hat häufig von seinem strengen Kantor Rannefeld berichtet. Nach der Konfirmation und dem Schulabschluss erlernte er, wie sein Vater, das Bäckerhandwerk. In die Lehre ging er bei Bäckermeister Hellmuth in der Quedlinburger Steinbrücke. Nach der Lehre war er bei seinem Vater teils in der Bäckerei, teils in der Landwirtschaft tätig, denn der Betrieb hatte sich sehr vergrößert.

Wie bereits beschrieben absolvierte Friedrich zusammen mit seinem Vetter den Wehrdienst bei der 11. Kompanie des Infanterie-Regiments 67 in Quedlinburg. Damals lagen alle Soldaten in Quedlinburg in Bürgerquartieren. Dadurch wird er wohl auch seine spätere Ehefrau kennengelernt haben.

Am 2. Oktober 1866 verheiratete er sich mit der am 14.1. 1848 in Quedlinburg geborenen Louise Johanna Wilhelmine Mohr. Sie war die uneheliche Tochter der Louise Mohr im Word Nr.3 in Quedlinburg, die am 10.4.1826 in Westerhausen geboren wurde und 1904 in Suderode verstarb. Schwiegermutter Louise Mohr war die Tochter des Karl Christoph Mohr geb. 2.9 1798 in Rieder und der Sophie Louise Schüler aus Westerhausen, geb. 17.10.1794.

Mit finanzieller Unterstützung seiner Eltern sowie seiner vermögenden Schwiegermutter erbaute Friedrich im Garten seines Vaters, Marktstraße/Ecke Grünstraße, das Deutsche Haus und 1870 im Kalten Tal den Felsenkeller als Ausflugslokal.

Friedrich Vollmer war zugleich Kaufmann, Gastwirt, Bäcker, Landwirt und Fuhrunternehmer. Zudem betrieb er das bereits 1822 erbaute „Gasthaus zum Heilsamen Brunnen". Das Haus hieß fortan „Mohrs Hotel" und war wohl nach dem Mädchennamen seiner Frau oder dem Namen seiner Schwiegermutter benannt. Später wurde daraus das Central Hotel. Da Suderode noch keinen Eisenbahnanschluss hatte, kam er auf die Idee, „Sommergäste" von Quedlinburg nach Suderode zu holen und sie auch wieder zurück zu bringen. Dazu schaffte er Pferdefuhrwerke an, sogenannte Pferdeomnibusse. Im Sommer hatte er 12 Gespanne am Laufen. Er war damit der Erste in Suderode, der gezielt Sommergäste in den Ort holte und damit einen großen wirtschaftlichen Aufschwung in Gang setzte. Zudem animierte er andere Mitbürger Fremdenzimmer bereitzustellen und Pensionen, Hotels und

Töchterpensionate zu errichten. Vor seinem Marktgrundstück befand
sich die Verkehrszentrale.

Einweihung des Felsenkellers im Kaltenthale bei Suderode

welche nächsten Sonntag, den 22. Mai,
unter den festlichen Klängen der Musik stattfinden wird.

Zur Einweihung meines neu angelegten, sehr schön
im Wald gelegenen Felsenkellers erlaube ich mir
ein verehrtes Publicum von Suderode und Umgebung
hierdurch ganz ergebenst einzuladen.
Insbesondere empfehle ich ein feines
Lager- und Märzbier in 1/2 Liter-Seideln bei
prompter Bedienung und soliden Preisen.

Entree wird nicht gezahlt.

Hochachtungsvoll
Fr. Vollmer sen.

Dank

Suderode. Meinen geehrten Gästen von Suderode
und Umgegend meinen innigsten Dank für den zahlreichen
Besuch am 22. Mai zur Einweihung meines Felsenkellers.

Zugleich danke ich dem geehrten Suderöder Gesangsvereine
für die festlichen Gesänge und insbesondere
dem Lehrer Herrn Nißmann für die exakte Leitung des Vereins.
Ebenso sage ich meinen Dank dem Herrn W. Winter
für die von ihm verfaßte und vorgetragene Festrede.

Zugleich erlaube ich mir, ein geehrtes Publicum zum Sonntag
auf ein feines Gläschen Maitrank hierdurch einzuladen,
mit der Bitte, mir ein gütiges Wohlwollen
auch ferner zu bewahren und mich in diesem Frühjahre
und Sommer durch fleißigen Besuch meines Felsenkellers
zu erfreuen.

Suderode, den 27. Mai 1870

Hochachtungsvoll
Fr. Vollmer sen.

Als dann 1885 Suderode Eisenbahnanschluss bekam, war es mit dem Fuhrgeschäft vorbei, der Fremdenverkehr nahm jedoch weiteren Aufschwung. Friedrich Vollmer verkaufte deshalb seine Pferde und Wagen sowie Haus und Hof.

BAD SUDERODE   GASTHAUS DEUTSCHES HAUS

Bad Suderode, Gasthaus Deutsches Haus.

Im Jahr 1889 baute er sich ein neues Grundstück mit Villa auf dem „Ackerplan" zwischen Gernrode und Suderode. Mein Urgroßvater Waldemar sen. berichtet dazu: „1889 half ich meinem Vater bei der Erbauung des Otto-Bades in Gernrode". Nach dieser Überlieferung muss wohl die Geschichte des Otto-Bades, die bisher auf das Jahr 1926 festgeschrieben war, revidiert werden. Nach Aussagen meines Urgroßvaters erbaute sich sein Vater auf dem Gelände des späteren Otto-Bades ein „repräsentatives Grundstück". Jedoch verkaufte er dieses bereits während des Ersten Weltkriegs wieder; die Gründe dafür sind nicht bekannt. Friedrich Vollmer hatte ein ansehnliches Vermögen erwirtschaftet, welches jedoch während der Inflation 1923 zum großen Teil verloren ging. Dennoch kann Friedrich Vollmer wohl als eine der prägendsten Figuren für den aufstrebenden Kur- und Fremdenverkehr in Suderode angesehen werden. Suderode war erblüht und erhielt am 30. Januar 1914 die amtliche Ortsbezeichnung Bad Suderode. Ob Friedrich Vollmer, als ausgewiesener Geschäftsmann, diese Aufwertung Suderodes nutzte, um sein Grundstück mit großem

Gewinn zu verkaufen? Wir wissen es nicht, jedoch ist es eher nicht anzunehmen, denn am 21.10.1912 verstarb in seiner neuen Villa, die auf Gernröder Gebiet stand, seine Ehefrau. Dieser Tod nahm Friedrich, gemäß den Aufzeichnungen seines Sohnes, sehr mit.

Bad Suderode am Harz, Am Fischteiche im Kalten Tal.

Suderode a. Harz, Grauens Kurhaus.

Auch in diesem Punkt stimmen die Gernröder Chroniken nicht mit den Aufzeichnungen meines Urgroßvaters überein. Darin heißt es, dass Friedrich Vollmer um 1924 das Otto-Bad-Gelände an den Wünschel-ruten-Experten Otto Edler von Graeve veräußerte, der dort eine Mineralquelle gefunden hatte und dann auf dem Gelände das Otto-Bad errichtete.

Diese Aussagen sind wohl leider nicht mit Urkunden zu belegen, aber vielleicht weiß ja ein Leser mehr, als ich nachzuweisen vermag.

Mein Urgroßvater berichtet auch davon, dass sein Vater Friedrich sich stark für die Ernennung Suderodes zum Bade-Ort eingesetzt hat. Wie es den Eindruck erweckt, war auch das in seinem geschäftlichen Interesse.

Nachdem er sein Otto-Bad-Grundstück verkauft hatte, verlebte er seine letzten Jahre bei seinem jüngsten Sohn, dem Bäckermeister Richard Vollmer, der seine Suderöder Bäckerei übernommen hatte. Friedrich Vollmer war bis in sein hohes Alter rüstig und gesund. Folgendes wird berichtet: „Einige Tage vor seinem Ableben musste er wohl Herzbeschwerden bemerkt haben und er sagte zu seinem Sohn Richard in plattdeutscher Sprache: „Eh ilabe ek hebbe die Raeisesrebbeln an". Das heißt auf hochdeutsche: Ich glaube ich habe die Reisestiefel an. Das war eine Ausdrucksweise, mit der der nahende Tod geäußert wurde. Ein Schlaganfall löschte dann sein Lebenslicht aus.

Am 4. Januar 1928 verstarb er in Bad Suderode und wurde auf dem örtlichen Friedhof neben seiner Frau bestattet. Ich erinnere mich noch, dass ich Anfang der 1960-er Jahre mit meiner Oma und meiner Mutter auf dem Suderoder Friedhof diese Gräber besucht habe.

Der Ehe von Friedrich Vollmer und Louise, geb. Mohr, entstammen 4 Kinder, darunter auch der Urheber dieser Chronik: Waldemar Vollmer

1. 9.1.1868 Agnes Vollmer; sie verheiratete sich im Oktober 1889 mit dem Lehrer Heinrich Lübke in Altdamm bei Stettin und bekam 2 Töchter. Käthe verheiratete sich mit dem Lehrer Brendemühl in Stettin und Hildegart heiratete Möllner in Stettin.
2. 6.1.1870 Waldemar Vollmer sen.

3. 10.9.1875 Richard Vollmer; in erster Ehe verheiratet mit Gertrud Begerans aus Magdeburg, eine Tochter Lehnchen. Diese heiratete den Bäcker und Conditor Kuhn in der Bäckerei ihres Vaters in Suderode. Die befand sich am Bad Suderöder Markt, dort, wo heute die Apotheke steht. In zweiter Ehe heiratete Richard die Witwe Else Adam, geb. Baars, aus Stecklenberg.
4. 1.7.1878 Elise Vollmer: sie heiratete am 2.10.1902 den Lehrer Otto Freytag in Stargard in Pommern. Das Ehepaar bekam eine Tochter mit Namen Anneliese.

Auf Grund des nicht unerheblichen Anteils von Friedrich Vollmer am Suderöder Fremdenverkehrsaufschwung möchte ich im Folgenden darauf in knapper Form eingehen: Der Kur- und Fremdenverkehr in Suderode hängt unmittelbar mit der Mineralquelle zusammen, die seit 1830 Beringer Brunnen genannt wird. Nachdem die Quelle wohl schon im Mittelalter bekannt war, geriet sie in Vergessenheit und wurde um 1820 wiederentdeckt. 1820 wurde das Quellwasser dann von Ziegler chemisch untersucht und für Badezwecke als gut befunden. Daraufhin wurde der Brunnen gereinigt, eine Saugvorrichtung installiert und ein Weg zum Brunnen zwecks Transport gebaut.

Bereits 1821 wurde das Wasser als heilend in einer Quedlinburger Badeanstalt angeboten. Der Förster Nordhausen hatte ab 1822 die Aufsicht über die Quelle und kassierte für die Wasserabfuhr. Ab 1823 kann auf eine erste Badeanstalt in Suderode geschlossen werden, die dem Förster unterstand.

Der Aufenthalt des ersten Kurgastes von Suderode wird für das Jahr 1826 erwähnt. 1827 kaufte Herzog Alexius Friedrich Christian von Anhalt-Bernburg die Quelle samt umliegendem Wald vom preußischen Fiskus. Er sah wohl eine Gefahr für sein Alexisbad im nun aufstrebenden Suderode. Der Herzog ließ dann das Suderöder Wasser mit Ochsenkarren nach Alexisbad schaffen.

Inzwischen war die Heilwirkung des Quellwassers wissenschaftlich nachgewiesen worden. Das führte dazu, dass 1928 Herr Pohle im Gasthof „Zur Goldenen Weintraube" und der Förster Nordhausen in seinem neugebauten Gasthaus „Zum Heilsamen Brunnen" Bäder einrichteten. Aus letzterem Haus sollte später das Central-Hotel werden. 1834 errichtete die erst 31-jährige Witwe Beholz ein großes Bade- und

Gasthaus. Es trug den Namen Gasthaus „Zur Beringer Heilquelle";
daraus wurde später das große Kurhaus und heute steht auf dem Gelände das Kurzentrum. 1839 wurde vom Kreis-Chirurgus Lange und
Particulier Hartwig das prachtvolle „Beringer Bad" eröffnet, das später
als Grauens Hotel sowie Bad Suderöder Hof bekannt wurde. In der
Schwedderbergstraße wurde 1850 das Hotel Heese eröffnet, das zu-
letzt als Victor-Höth-Heim bekannt war, inzwischen jedoch abgerissen
ist. Bad Suderode war nun gut ausgestattet mit Badeeinrichtungen sowie Kurhotels. Es fand seit etwa 1840 ein reger Kurbetrieb statt. Jedoch war es noch kompliziert und teuer Suderode damals zu erreichen. Halberstadt erhielt seinen ersten Bahnhof erst 1843 und
Quedlinburg sogar erst 1862. Somit war ein Kuraufenthalt in Suderode
nur für Gutbetuchte möglich, was natürlich den Kurbetrieb in seiner
weiteren Entwicklung hemmte.

Zudem gab es auch Behinderungen durch den Herzog als Eigentümer
der Quelle. Die Hotel- und Bäderbesitzer mussten das Wasser für viel
Geld bei einem herzoglichen Diener kaufen und anscheinend gab es
auch Mengenbegrenzungen. Der Herzog wollte wohl das Aufblühen
Suderodes abbremsen, im Sinne von Alexisbad.

Erst nach dem Tod des Herzogs 1869 konnte die Gemeinde den Brunnen und das Umland zurückkaufen, jedoch für den zehnfachen Preis.
Dennoch sollte es sich für die Zukunft Suderodes als gute Investition
und Geschäft herausstellen. Kurze Zeit später errichtete Friedrich
Vollmer die Ausflugsgaststätte „Am Brunnen", den späteren Felsenkeller. Diese gastronomische Einrichtung in der Nähe des Brunnens
wurde zur Goldgrube. Nicht nur die Kur- und Sommergäste besuchten
die Gaststätte mit riesigem Sommergarten gern, auch das regionale
Publikum wurde angezogen.

Über die weitere Entwicklung habe ich bereits Ausführungen gemacht.
Es entstand zudem eine außergewöhnliche Bäderarchitektur in Suderode, die sich durch die angebauten Holzbalkons auszeichnete.
Mein Urgroßvater berichtet, dass sein Vater Friedrich einer der Haupt-
befürworter des Brunnenrückkaufs vom Herzog war. Zunächst brach-
ten seine Omnibusse mehr Gäste und weiteren Aufschwung. Diese
Entwicklung setzte sich dann durch die Eisenbahn-Anbindung und

den Bau einer Straße nach Friedrichsbrunn fort. Es folgten die Töchterbildungsheime und auch das Otto-Bad brachte weiteren Aufschwung. Diesen gibt es heute leider nicht mehr, wo man mit dem Flugzeug alle Punkte auf dieser Erde in wenigen Stunden erreichen kann. Es sind daher, wie damals, wieder neue Ideen gefragt!

Waldemar Vollmer, sen.

Mein Urgroßvater, und der Chronist dieses Buches, berichtet über sich selbst:

„Am 6. Januar 1870 wurde ich als ältester Sohn des Friedrich Vollmer und dessen Ehefrau Louise, geborene Mohr, zu Suderode geboren und nach evangelischer Kirchensitte getauft. Pate war auch mein Großvater Gottfried Vollmer, der ein Patengeschenk von 100 Talern spendete. Bis zum 9. Lebensjahr besuchte ich die Volksschule in Suderode und von da ab bis zum 14. Lebensjahr die Bürgerschule in Quedlinburg.

Konfirmiert bin ich in der evangelischen Kirche St. Blasii in Quedlinburg. So lange ich in Quedlinburg zur Schule ging, war ich dauernd bei meiner Großmutter Louise Mohr in Quedlinburg, Word 3. Nach der Schulentlassung erlernte ich beim Bäckermeister Karl Friesecke in Quedlinburg, Steinweg, das Bäckerhandwerk. Als Geselle habe ich dann in Thale, Halberstadt, Riesa, Peplitz, Zuckmandel, Mühldorf bei München, und Ilmenau/Thüringen gearbeitet. 1889 half ich meinem Vater bei der Erbauung des Otto-Bades in Gernrode. 1890 wurde ich Soldat beim Füsilier-Regiment 38 in Glatz/Schlesien und brachte es dort bis zum Feldwebel.

Nach 12jähriger Dienstzeit erhielt ich den Zivilversorgungschein, auf Grund dessen und nach abgelegter Prüfung ich beim Amtsgericht Querfurt angestellt wurde. Als 1914 der Weltkrieg ausbrach meldete ich mich freiwillig und machte den Krieg in vorderster Front mit. Erst am 12.12.1918 wurde ich wieder entlassen (a.d.R. er war inzwischen zum Offizier befördert worden). Die Folgen des Kriegs waren, dass ich schon 1922 als Justizsekretär in den Ruhestand versetzt werden musste.

*Trauschein des Ehepaars Waldemar und Marie Vollmer
vom 5. Oktober 1899.*

Hochzeitsfoto Waldemar sen. und Marie Vollmer. 1899.

Waldemar Vollmer sen. und Frau Marie
mit ihren Kindern Waldemar und Margarete.

Einfügen muß ich hier noch, dass ich mich noch während meiner 12jährigen Dienstzeit und zwar am 5.10.1899 mit der am 30.11.1874 zu Suderode geborenen Marie Vollmer, einer Tochter des Wilhelm Vollmer (a.d.R. Tochter seines Onkels, also seine Cousine) und dessen Ehefrau Minna geb. Süßspeck, verheiratete.

Mein in Querfurt erbautes Grundstück – ich war dazu gezwungen, weil ich mit meinen 6 Kindern dort keine Wohnung bekommen konnte – verkaufte ich und siedelte nach Magdeburg-Südost über, woselbst ich das Bäckereigrundstück Altsalbke 93 erwarb. Die Bäckerei betrieb ich dann mit meinen beiden Söhnen Waldemar und Conrad. Mein Gesundheitszustand verschlechterte sich aber von Jahr zu Jahr, so dass ich mich am 12.12.1927 operieren lassen mußte. Dr. Hammesbahr führte die Magenoperation aus und seitdem fühlte ich mich wieder vollständig gesund.

Als sich mein ältester Sohn Waldemar verheiratete – es war dies im Jahre 1926 – verkaufte ich an ihn die Bäckerei. 1930 zog ich nach Gernrode und kaufte dort das Grundstück Kirchweg 2, in dem wir uns recht wohl fühlten.

Aus unserer Ehe stammen 6 Kinder:

1. 29.7. 1900 Waldemar Vollmer, geboren in Glatz/Schlesien
2. 26.10.1901 Margarete Vollmer; geboren in Glatz – später mehr zu meiner Großmutter.
3. 26.11.1902 Edith Vollmer; geboren in Glatz. Seit 7.9.1930 mit Fleischermeister Otto Klein aus Bismark/Altmark verheiratet; später eigene Fleischerei in Leopoldshall, heute Stadtteil von Staßfurt. Aus der Ehe ging Sohn Otto hervor, der am 18.2.1939 in Leopoldshall geboren wurde. 1950 wurde die Ehe geschieden. Edith heiratete danach Wilhelm Apitz.
4. 27.6.1904 Charlotte Vollmer; geb. in Suderode. Seit 4.6.1927 verheiratet mit dem Lehrer Fritz Ritter aus Magdeburg, später in Halle/Saale. Aus der Ehe gingen keine Kinder hervor. Charlotte verstarb am 10.1.1956 in Halle/Saale durch Schlaganfall.
5. 18.7. 1905 Hilda Vollmer, geb. in Magdeburg-Wilhelmstadt, gestorben am 17.8.1989. Seit 17.9. 1925 verheiratet mit dem Berliner Stadtinspektor Johannes Barzantny, geb. am 17.9.1898, gestorben am 12.1.1994. Aus dieser Ehe gingen 5 Kinder hervor: Ralph geb. 4.4.1929 in Berlin, gestorben am 8.5.2011; Angeli geb. 13.2.1930 in Berlin, gest. 19.10.2013, Gründerin der Derk-Ehlert-Stiftung; Hans geb. 1.8.1936 in Berlin, gestorben 7.9.2001; Bernd geb. 21.11.1939 in Berlin und Klaus geb. 27.5.1941 in Berlin.

Hilda Vollmer

Oma Marie Vollmer

Oben v.l.n.r. Conrad, Hilda, Charlotte, Edith, Margarete, Waldemar;
vorn die Eltern Marie und Waldemar sen.

Opa Waldemar mit Ralph und Angeli Barzantny.

Von links hinten: Charlotte Ritter, Anna (Änne), Hilda Barzantny, Waldemar Vollmer, Oma Marie Vollmer, Fritz Ritter; vordere Reihe von links: Ralph Barzantny, ???, Sigrid Vollmer und Angeli Barzantny.

47

*Waldemar Vollmer sen. mit seinen Kindern und Enkeln
im Garten von Bückemühle 3.*

Goldene Hochzeit von Waldemar sen. und Marie Vollmer 1949.

Foto S. 48 Goldene Hochzeit: Hinten von Links: Sigrid Vollmer, geb.
Müller; Waldemar Vollmer jun.; Fritz Ritter; Ralf Barzantny; Otto
Klein, Conrad Volmer.
Mitte von Links: Angeli Barzantny; Emmi Vollmer, geb. Kempfe; Mar-
garete Lohse; Edith Klein, geb. Vollmer; Charlotte Ritter, geb. Voll-
mer; Hilda Barzantny, geb. Vollmer; Anna Vollmer, geb. Mebes;
Sigrid Vollmer; Ingeburg Lohse.
Vorn von Links Marie Vollmer; Helga Vollmer; Waldemar Vollmer
sen.

Berlin war im Jahr 1943 heftigen alliierten Bombenangriffen ausgesetzt, was Opa Waldemar in Gernrode veranlasste, die Familie Barzantny nach Gernrode zu holen. Vater Hans Barzantny blieb jedoch aus beruflichen Gründen in Berlin.

Die fünfköpfige Familie bewohnte zusammen mit den Großeltern das Erdgeschoss. Die obere Wohnung war an die Oberförsterwitwe Frau Wiegant vermietet. Geschlafen haben die Barzantnys jedoch ganz oben auf dem unausgebauten Dachboden und das über mehr als drei Jahre.

Für die Familie Barzantny war der Umzug nach Gernrode die richtige Entscheidung: Am 23.8.1943 wurde ihr Einfamilienhaus in Berlin-Lankwitz durch eine englische Luftmine dermaßen beschädigt, dass es nicht mehr bewohnbar war. Erst im Spätsommer 1946 kehrte die Familie Barzantny nach Berlin zurück, nachdem Vater Hans in Berlin-Lichterfelde-Ost eine entsprechende Wohnung gefunden hatte.

6. 11.2.1908 Conrad Vollmer, geb. in Querfurt. Seit 2.10.1944 verheiratet mit Emmi, geb. Kempfe, geboren am 19.04.1911 in Magdeburg. Aus der Ehe ging Tochter Helga hervor, die am 13.1.1946 in Gommern geboren wurde. Conrad Vollmer verstarb am 19.11.1982 und seine Frau Emmi am 7.4.1983.

Zwischen meiner Großmutter Margarte und ihrer Tochter Ingeburg, meiner Mutter, bestand leider während meiner bisherigen Lebenszeit kein Kontakt zu Conrad. Ich und auch Conrads Tochter Helga können diesen Konflikt, der wohl bestand, leider nicht mehr auflösen.

*Klaus Barzantny, Oma Margarete Lohse, Bernd Sternal, Sebastian
Sternal, Helga Neumann (Tochter von Konrad Vollmer),
Angeli Barzantny 1987 vor dem Haus Kirchweg 2 in Gernrode.*

*Grabstelle der Familie Vollmer auf dem Friedhof in Gernrode,
dort sind zudem begraben: Tochter Margarete 1801 – 2006,
Enkeltochter Ingeburg Sternal, geb. Lohse, 1931 – 2019,
Paul Sternal 1921 – 2019.*

Das Verwandtschaftsverhältnis zwischen Waldemar Vollmer sen. und seiner Ehefrau Marie ist klar ersichtlich: Die Väter der beiden Eheleute waren Vettern und die Großväter somit Brüder.

Am 24.12.1952 verstarb Marie Vollmer in Gernrode und wurde auf dem Gernröder Friedhof begraben. Waldemar Vollmer starb am 23.2.1954 ebenfalls in Gernrode und wurde dort im Familiengrab bestattet. Das Grab wurde im November 2019 von mir umgestaltet, da auch meine Oma Margarete Lohse, sowie mein Vater Paul und meine Mutter Ingeburg inzwischen dort ihre letzte Ruhe gefunden haben.

Familie Waldemar Vollmer sen. mit Nachkommen.
Hintere Reihe v.l.n.r.: Hilda Barzantny, geb. Vollmer; Johannes Barzantny; Änne Vollmer, geb. Mebes; Konrad Volmer; Waldemar Vollmer; Lotte Ritter, geb. Vollmer; Fritz Ritter.
Vordere Reihe v.l.n.r.: Margarete Lohse, geb. Vollmer; Marie Vollmer, geb. Vollmer; Rudi Lohse; Waldemar Vollmer sen.; Edith Klein, geb. Vollmer.

Waldemar Vollmer

Geboren am 29.7.1900, war er das älteste Kind von Waldemar Vollmer sen. und Marie Vollmer. Getauft wurde er in der Garnisonkirche in Glatz. Nachdem seine Eltern nach Querfurt übergesiedelt waren, wo der Vater eine Anstellung am Amtsgericht fand, besuchte er die dortige Mittelschule. Nach der Konfirmation und dem Schulabschluss erlernte er von 1914 bis 1917 das Bäckerhandwerk bei Bäckermeister Vogel in Merseburg. Über Europa tobte der Weltkrieg und als Waldemar 18 Jahre alt war, wurde er zum Militär eingezogen. Er diente noch einige Zeit beim Infanterie-Regiment 27 in Weißenfels, dann war der Krieg zu Ende und er hatte das Glück, nicht mehr an die Front zu kommen. Zudem brach die Novemberrevolution aus, was letztlich dazu führte, dass er wieder aus dem Militärdienst entlassen wurde. Er arbeitete dann noch einige Jahre als Bäckergeselle in verschiedenen Orten. Letztlich war er ab 1922 in der Bäckerei seines Vaters in Magdeburg-Südost tätig. Das Geschäft war anfangs recht klein, es vergrößerte sich jedoch durch viel Fleiß in kurzer Zeit erheblich.

Von links: Wilhelm Apitz, Ingeburg Lohse, Edith Apitz geb. Vollmer, Margarete Lohse.

Am 1.10.1926 übernahm Waldemar die väterliche Bäckerei und am 20.10. 1926 heiratete er Anna Mebes aus Magdeburg-Südost. Sie war eine Tochter des Karl Mebes und dessen Ehefrau Berta, geb. Bethge. Das Ehepaar bekam zwei Kinder: 1.9.1927 Waldemar jun. und am 22.5.1932 Sigrid.

Im Jahr 1927 kaufte Waldemar die Bäckerei und das Grundstück von seinem Vater. Dazu schreibt er selbst: „Durch Fleiß und Sparsamkeit hatten wir so viel Ersparnisse, dass wir 1936 die Bäckerei verpachten konnten. Dies taten wir auch und zogen nach Gernrode, wo auch meine Eltern wohnten."

Dort besaß Waldemar bereits um 1932 eine alte Mühle auf einem großen Grundstück mit Mühlteich, einige Kilometer von der Stadt Gernrode entfernt; es war die Bückemühle III am Bückeberg 5. Die Schrotmühle wurde 1734 von Matthias Voigtländer erbaut. Sie hatte ein oberschlächtiges Wasserrad, das heißt das Aufschlagwasser fiel von oben auf das Rad und garantierte so eine maximale Effizienz. Drei Bäche versorgten die Mühle mit Wasser, das in einem 3.000 Quadratmeter großen Teich gespeichert wurde. Ausgedehnte Wiesen und Obstplantagen gehörten zum Grundstück. 1916 wurde der Mühlenbetrieb dort eingestellt. Jedoch wurde die Wasserkraft weiterhin genutzt, indem durch eine Turbine Strom erzeugt wurde.

Die vierköpfige Familie hatte in dem Anwesen viel Platz und zudem auch schon einigen Komfort, denn ab 1920 wurden die Gebäude modernisiert und sogar Heizungen eingebaut. Von der Magdeburger Bäckereipacht, der Landwirtschaft auf dem Mühlengrundstück und der Stromerzeugung konnten die Vollmers gut leben.

Tochter Sigrid schreibt dazu: „Wir hatten dort eine schöne Zeit. Doch es war viel Arbeit, dieses große Areal mit Teich, Bächen, Wiesen, Plantagen, Zäunen, Scheunen, Ställen, Feldern und Gärten, Vieh – Schafe, Hühner, Enten und Gänse – zu bewirtschaften und in Ordnung zu halten. Dann sollte ich in die Schule kommen, doch der Schulweg war für mich kaum zu bewältigen."

Bereits 1938 verkauft Waldemar Vollmer die Bückemühle III wieder, die Gründe dafür sind unbekannt. Neue Eigentümerin wurde Gertraud May, geb. Bauer. 1960 überschrieb sie die Mühle an ihre Tochter Emmy, die mit Karl-Heinz Illian verheiratet war. Deren Sohn Thomas ist jetzt Grundstücksbesitzer und bewohnt mit seiner Frau Ursula, geb. Ellias, deren Tochter mit Mann und Enkeln den alten Mühlenkomplex in Form eines 4-Seitenhofes.

Bückemühle 3 in Gernrode.

Bückemühle 3 in Gernrode.

Waldemar verkaufte das Mühlengrundstück mit allem Inventar für einen sehr guten Preis. Dann wollte er ein neues Grundstück in der Umgebung erwerben, jedoch fand sich auf die Schnelle nichts. Daher zog die ganze Familie zunächst in das große väterliche Haus im Gernröder Kirchweg 2. Waldemar Vollmer sen. drängte dann seinen Sohn, das Geld von dem Verkauf anzulegen, denn es drohte wieder Krieg.

Er hatte es bei seinem Vater erlebt, wie ein stattliches Vermögen durch einen Krieg verloren gegangen war. Das sollte seinem Sohn nicht auch passieren! Daher kaufte Waldemar in Magdeburg am Hasselbachplatz ein großes Mehrfamilienhaus im Gründerstil.

Dann brach der Zweite Weltkrieg aus; Waldemar wurde sofort eingezogen. Zunächst blieb er zur Gefangenenbewachung in der Heimat, kam dann später an die Front nach Italien. Als das Kriegsende schon absehbar war, wurde er an die Ostfront versetzt. Er hatte den ganzen Krieg fast unverletzt überstanden, dann geriet Waldemar 1945 in Leningrad – heute wieder St. Petersburg – in sowjetische Gefangenschaft. Dort starb er am 17.11.1945 an Hungersnöten. Davon erfahren hat die Familie erst 1950, als ein entlassener Kamerad die traurige Nachricht überbrachte. Es war für die Familie eine lange, schwere Zeit der Ungewissheit.

Nach 1990 versuchten Waldemar jun. und Schwester Sigrid das Mietshaus ihres Vaters in Magdeburg zurückzubekommen, denn dieses war auf Grund des Todes des Besitzers und der DDR-Flucht der Erben in DDR-Eigentum übergegangen. Die Rückübertragung stellte sich jedoch schwierig dar. Das Magdeburger Haus war zuvor im Besitz jüdischer Eigentümer, die von den Nationalsozialisten enteignet worden waren.

Von den Vollmer-Erben wurde ein Nachweis verlangt, woher das Geld zum Kauf des Hauses gestammt hat. Es war für die Erben ein glücklicher Umstand, dass der Vertrag über den Verkauf von Bückemühle III. bei der Familie Illian noch vorlag. Damit konnten sie nachweisen, dass sie das Geld hatten, um das Magdeburger Haus zu erwerben und Waldemar jun. sowie seine Schwester Sigrid bekamen die Immobilie rückübertragen.

Anna Vollmer, geb. Mebes

Sie war die Ehefrau von Waldemar und die Mutter von Waldemar jun. und Sigrid, verheiratete Nowack. Kurz vor ihrem Tode schrieb sie noch einen Lebenslauf, der jedoch auf Grund starker Demenz zahlreiche Ungereimtheiten aufwies. Ihre Tochter Sigrid hat ihn überarbeitet.

Anna Vollmer, geb. Mebes, wurde am 20.10.1903 in Magdeburg geboren. Ihre Eltern wohnten in Magdeburg-Süd. Der Vater war als Vorschmied in Magdeburger Eisenbahn-Ausbesserungswerk tätig. Er wurde in Pöthen nördlich Gommern als Sohn eines Schäfermeisters geboren. Er hatte noch 6 Schwestern und einen Bruder, der früh starb.

Von links: Magarete Lohse, Inge Lohse und Anna Vollmer, geb. Mebes.

Ihre Mutter stammte aus Langenweddingen, wo ihr Vater Stallmeister bei einem Gutsbesitzer war. Ihr Großvater hatte dort ein kleines Häuschen mit einer Ziege, aus deren Milch die Großmutter immer Butter herstellte.

Anna Mebes wollte gern Schneiderin werden. Da ihre Familie jedoch sehr arm und die Mutter sehr häufig krank war, konnte sie keine dreijährige Lehre machen, sondern lernte nur eine halbes Jahr Nähen, um von zuhause für die Leute zu arbeiten.

Dann lernte sie Waldemar Vollmer kennen und heiratete ihn am 26.10.1926. Ihre Eltern kamen am 21. Januar 1944 bei einem alliierten Luftangriff auf Magdeburg ums Leben. Es gab sehr viele Tote und alle wurden anonym auf dem sogenannten Luftopferfeld beigesetzt.

Waldemar Vollmer jun.

Geboren wurde Waldemar jun. am 1.9.1927 in Magdeburg. Er besuchte zunächst die Volksschule in Magdeburg. Als seine Eltern nach Gernrode verzogen waren, setzte er dort seine Schulbildung fort. Anschließend absolvierte er eine Bäckerlehre. In Gernrode heiratete er dann Sigrid Müller (geb. am 20.7.1928, gest. 23.1.1978) am 14.7.1951. Sie war die Tochter von Paul Müller und Tony geb. Severin. Am 31.10.1952 wurde Tochter Liane geboren, am 18.2.1954 Tochter Carla und am 24.4.1962 Tochter Patricia. Die Familie wohnte in einem alten Fachwerkhaus in der Wassertorstraße. Das Haus steht heute nicht mehr, an seiner Stelle steht in der Wassertorstraße 9 ein Wohn- und Geschäftshaus, in dem das Bestattungshaus Karries eine Niederlassung hat.

Vor der Grenzschließung verließ die Familie die DDR in Richtung Westen. Dort wurde am 24.4.1962 Tochter Patricia geboren. Waldemar arbeitete lange bei Feinkost-Homann. Die Familie zog nach Oldenburg/Sandkrug, wo sie sich ein Haus bauten. Am 17.1.2012 verstarb Waldemar Vollmer in Sandkrug. Er war der letzte Vollmer der Suderöder Linie.

*Hochzeit Waldemar jun. und Sigrid Vollmer, geb. Müller
am 14.7.1951.*

Sigrid Vollmer, verheiratete Nowack

Sie war das jüngste Kind und die einzige Tochter von Waldemar Vollmer und dessen Ehefrau Anna, geb. Mebes. Geboren wurde sie am 22.5.1932 in Magdeburg. Sigrid besuchte die Schule in Gernrode und das Gymnasium in Ballenstedt. Sie wohnte mit ihrer Mutter Anna während und nach dem Zweiten Weltkrieg in meinem Elternhaus Gernrode, Kirchweg 2.

Dann zogen auch meine Großmutter und meine Mutter nach Kriegsende dort mit ein: sie waren ausgebombt worden. Dazu später mehr.

Wie Sigrid, die auch meine Patentante war, ihren Ehemann Gerhard Nowack kennengelernt hat ist mir nicht bekannt. Gerhard war Ingenieur und hatte anscheinend ein gutes Angebot bei der Robert Bosch GmbH erhalten. Und er hatte wohl seiner Sigrid und deren Mutter die Veranlassung gegeben, Gernrode heimliche und über Nacht in Richtung Westen zu verlassen. Das muss wohl so um 1958 gewesen sein, ich kann mich noch schwach an die Aufregung erinnern. Die Probleme hatten dann für lange Zeit meine Eltern mit den „staatlichen Institutionen der DDR".

Sigrid, geb. Vollmer und Gerhard Nowack

Familie Nowack: von links Dieters Partnerin, Dieter, Sigrid, Utes Ehemann, Ute und ihre zwei Töchter.

Sigrid und Gerhard bauten dann ein Haus in Backnang und sie bekamen zwei Kinder: Ute und Dieter. Gerhard Nowack, der am 24.5.1930 geboren wurde, starb am 29.3.2007, seine Frau Sigrid am 8.2.2018, beide in Backnang. Ute ist verheiratet, hat zwei Töchter und lebt mit ihrer Familie im Umfeld von Backnang. Dieter ist Braumeister und wohnt und arbeitete seit langem in Schweden.

Margarete Vollmer

Meine Oma war meine Lieblingsoma, denn an meine andere Oma, die Mutter meines Vaters, kann ich mich kaum erinnern. Zudem blieb mir Oma Margarete sehr lange erhalten: sie wurde 104 Jahre alt.

Margarete wurde am 26.10.1901 in Glatz geboren. Ihre Eltern waren Waldemar Vollmer sen. und seine Frau Marie. Die Schule besuchte sie in Querfurt, jedoch kam sie, wie damals für Mädchen üblich, über die Grundschule nicht hinaus. Auch eine Ausbildung machte sie nicht, jedoch erlernte sie in der Bäckerei des Vaters in Magdeburg die Grundlagen des Bäckerhandwerks.

In der Zeit in Querfurt lernte sie auch Richard Lohse, Bäcker aus Jüdendorf, kennen und lieben. Im Juni 1922 fand dann die Trauung in Magdeburg-Südost statt. Beide arbeiten wohl zunächst in der neu erworbenen Bäckerei ihres Vaters in Alt Salbke mit. Nachdem am 15.6. 1923 Sohn Rudi geboren worden war, suchte das Ehepaar nach einem eigenen Geschäft.

Porträtfoto von Richard Lohse

Jugendporträts der Margarete Vollmer

*Von links: Magarete und Richard Lose sowie
unten sitzend Rudi und Inge.*

Richard Lohse bei einer Taufe in Calenberg (1. von rechts).
Foto: E. Sch.

Margarete Lohse mit Tochter Ingeburg, Angeli und Ralf Barzantny
sowie Sohn Rudi.

Familie Vollmer mit Nachkommen.

Ingl Lohse

Schulbild von 1937 mit Ingeburg Lohse (vorn Mitte).

63

Calenberge 1946 – Bäckerei Conrad und Emmi Vollmer

Im gegenüberliegenden ostelbischen Ort Calenberge wurden sie fündig. Es gab dort eine Schmiede und eine Bäckerei mit einem Gehöft. Inzwischen Bäckermeister geworden, übernahm Richard Lohse dieses Geschäft, zu dem auch noch eine große Landwirtschaft gehörte. Die Lohses betrieben die Bäckerei und die Landwirtschaft selbst, für die Schmiede stellten sie einen Schmied ein. Sie kamen schnell zu Wohlstand und schafften die erste Dreschmaschine und das erste Auto im Ort an.

Am 6.5.1931 wurde ihnen eine Tochter geboren. Ingeburg Erika Lohse war meine Mutter. Als der Zweite Weltkrieg ausbrach lag schon bald die Magdeburger Region im Fokus der alliierten Luftangriffe. Nach meinen Informationen wurde das Anwesen der Familie Lohse am 13.1.1942 durch einen Bombenangriff vollständig zerstört. Vom zuständigen Amt wurde bestätigt, dass alle Papiere und Unterlagen dabei vernichtet wurden. Jedoch wurde schnell wieder mit dem Aufbau begonnen. Von der Ruine des Anwesens gibt es eine Zeichnung.

Folgende Seite: Zeichnung vom am 13.1.1942 zerstörten Grundstück in Calenberge.

Randau,den 11.1.19 91

Bestätigung!

Hiermit bestätigt die Gemeindeverwaltung Randau/Calenberge
daß das Wohngrundstück in Calenberge Dorfstr.14 am
21.1.1942 völlig ausgebombt wurde.
Die Papiere der damaligen Eigentümer sind verbrannt.

Bürgermeister

Gemeindeverwaltung
Randau / Calenberge

*Links - Porträtfoto Ingeburg Lohse als junge Frau und rechts -
Rudolf Lohse in der Uniform eines Wehrmachtssoldaten.*

Die Bewohner von Calenberge hatten sich hinter ihren Höfen Bunker gebaut, in denen sie bei Bombenangriffen Schutz suchten. Kurz vor Kriegende 1945 wurde Richard Lohse am Ausgang seines Bunkers von einer Granate tödlich getroffen.

Sohn Rudi ist nicht aus dem Krieg nach Hause zurückgekommen, er ist 1943 an einem unbekannten Ort gefallen.

Im Jahr 2003 wurde in Calenberge aus Spenden ein Gedenkstein für die Opfer des Zweiten Weltkriegs errichtet, an dessen Finanzierung meine Mutter Ingeburg Sternal erheblichen Anteil hatte. Auf dem Gedenkstein ist sowohl ihr Vater Richard Lohse wie auch ihr gefallener Bruder Rudolf verzeichnet.

*Gedenkstein mit den Namen Richard Lohse
und Rudolf Lohse in Calenberge.*

Calenberge 2018 – Lohses ehemaliges Haus.

*Calenberge 2018 – der Gedenkstein für die Opfer des Zweiten Welt-
kriegs wurde 2003 errichtet.*

Margarete Lohse verkaufte 1945 das Anwesen, das sie weitgehend
wiederaufgebaut hatten, an ihren jüngeren Bruder Conrad und zog mit
ihrer Tochter Ingeburg 1946 nach Gernrode zu ihrem Vater in den
Kirchweg 2.

Kirchweg 2 in Gernrode

Von links: Waldemar Vollmer jun., Sigrid Nowack, Margarete Lohse,
Ingeburg Sternal.

Margarete Lohses Bruder Conrad wohnte 1945 mit seiner Frau Emmi in Gernrode in der Osteralle 7. Emmi war zuvor mit einem Herrn Dittmar verheiratet, der jedoch im Krieg gefallen war. Aus dieser Ehe gab es einen Sohn, der jedoch bereits Mitte der 1950er Jahre starb. Das Haus Osterallee 7 gehörte der Familie Dittmar und Emmis Sohn erbte das Gartengrundstück des Hauses. Nach dem Tod des Sohnes ging das Erbe an Emmi über, die es wiederum an Tochter Helga vererbte. Helga verkaufte das Grundstück in den 1990er Jahren.

Nach dem Immobilienkauf zog Conrad mit seiner Frau Emmi nach Calenberge, wo das Ehepaar die Bäckerei, die Schmiede und die Landwirtschaft der Lohses weiter betrieben. Tochter Helga wurde am 13.1.1946 in Gommern geboren.

1954 zog die Familie von Calenberge nach Magdeburg Alt Salbke 93, in das Haus, das Waldemar jun. von seinem Vater geerbt hatte und in dem sich eine Bäckerei befand. Diese hatte sein Großvater Waldemar Vollmer sen. erworben und an seinen Sohn Waldemar weiterverkauft.

Wohnhaus in Magdeburg, Alt Salbke 93

1959 zog die Familie von Conrad auf Grund einer Krankheit in eine Mietwohnung in die Nähe von Alt Salbke.

Da Waldemar Vollmer jun. mit seiner Familie die DDR verlassen hatte, kam sein Grundstück in Alt Salbke unter staatliche Verwaltung. Nach der Wiedervereinigung stellte er einen Rückübertragungsanspruch und erhielt 1992 sein Haus zurück, das er dann verkaufte.

Hochzeit von Inge und Paul Sternal

Margarete Lohse kaufte später ihrem Vater das Haus in Gernrode, Kirchweg 2, ab. In den 1970er Jahren schenkte sie ihrer Tochter Ingeburg und ihrem Schwiegersohn Paul Sternal das Haus.

Margarete verstarb am 7.10.2006 im Alter von 104 Jahren in Gernrode. Sie hinterließ ihre Tochter Ingeburg und den Schwiegersohn Paul Sternal geb. am 9.11.1921. Beide wohnten bis zu ihrem Tod 2019 in Gernrode im Kirchweg 2. Paul Sternal verstarb am 10.3.2019 und Ingeburg Sternal verstarb am 10.8.2019. Sie haben einen Sohn Bernd Sternal, geb. 11.5.1956, der hier als Autor dieses Buches auftritt.

Oma Margarete und Sebastian im Garten.

*Oma Margarete Lohse
zum 100. Geburtstag,
Ingeburg und Paul Sternal.*

Bernd ist seit dem 12.12.1981 mit Birgit, geb. Bergener, geb. am 14.09.1955, verheiratet, das Paar hat einen Sohn. Sebastian wurde am 11.05.1981 geboren. Ihm gehört jetzt das Grundstück Gernrode, Kirchweg 2.

Literaturverzeichnis

Sternal, Bernd, eigenes Archiv

Vollmer, Waldemar sen., Familienchronik

www.myheritage.com

Stadt Gernrode, Archiv

Bad Suderode, Archiv

Stadt Quedlinburg, Archiv

Kirchenbücher von Suderode und Gernrode

Weitere Bücher aus dem Verlag Sternal Media

Bergbau im Gernröder Revier

Bernd Sternal

Von den vermutlichen Anfängen im Hochmittelalter bis zum endgültigen Erliegen im 20. Jahrhundert
Autor: Bernd Sternal

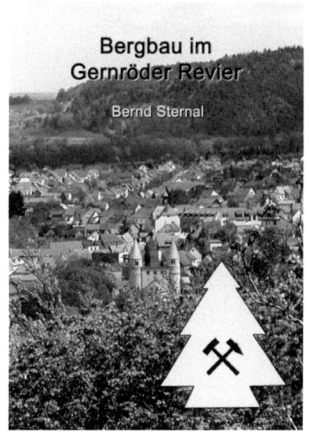

Der Bergbau hat den Harz und seine Randgebiete grundlegend geprägt. Über Jahrhunderte war dieses Gebirge eine der bedeutendsten Bergbauregionen Europas. Über die Bergbaugeschichte des Oberharzes und auch des Hochharzes und des Südharzes gibt es umfangreiche Dokumente, Schriften und Urkunden. Zudem wird der vor- und frühgeschichtliche Bergbau im Oberharz heute montanarchäologisch gründlich erforscht.

Jedoch hat auch der anhaltische Harz und in ihm die Gernröder Region eine Bergbaugeschichte. Von dieser ist leider wenig überliefert und entsprechende Forschungen lassen bis heute auf sich warten. Der Autor hat versucht von dieser spärlich dokumentierten Geschichte im Gernröder Revier ein Bild zu zeichnen. Dieses weist viele Lücken auf. Der Autor hofft jedoch, dass mit seinem kleinen Werk diese Lücke ein klein wenig geschlossen werden kann.

Illustriert wurde das Buch mit 18 schwarz-weiß und 9 Farbabbildungen, darunter Karten, Fotos sowie einige alte Darstellungen.

Taschenbuch ISBN: 978-3-7481-6803-4

Gernrode/Harz und die Zeit als "Jungmädelstadt"

Bernd Sternal

Im Jahr 1830 setzte sich in dem kleinen Harzstädtchen Gernrode eine Entwicklung fort, die bereits mit der Gründung des Damenstifts St. Cyriakus 963 begonnen hatte. Dem Zeitgeist entsprechend entstanden Töchterbildungspensionate, deren Aufgabe es war, junge Damen aus wohlhabendem Hause zu erziehen, zu bilden und sie somit auf die Ehe und den Beruf vorzubereiten. Diese Entwicklung dauerte hundert Jahre an, bis zum Machtantritt der Nationalsozialisten. Die Ausbildung wurde immer wieder modernisiert und angepasst. In Spitzenzeiten gab es in Gernrode etwa 20 solcher Töchterpensionate, die über 400 junge Mädchen beherbergten und ausbildeten. Gernrode wurde dadurch als „Jungmädelstadt" weit über die Grenzen des Harzes hinaus bekannt. Die jungen Damen kamen nicht nur aus Deutschland, sondern auch aus vielen anderen Ländern. In diesem Buch ist dieses Thema aufgearbeitet und wird durch viele zeitgenössische Fotos, Dokumente und auch Berichte anschaulich gemacht und letztlich wurde der aktuelle Stand dieser ehemaligen Pensionatsgebäude dokumentiert.

Im Buch finden sie auch 106 zeitgenössische Dokumente in schwarz-weiß, wie Zeitungsinserate und Ansichtskarten sowie 3 kolorierte Karten und 18 Farbfotos der ehemaligen Töchterheime aus unserer Zeit.

Taschenbuch ISBN: 978-3-7504-0443-4

Historischer Bergbau im Thalenser Revier

Thale, Cattenstedt,Wienrode, Timmenrode, Warnstedt, Weddersleben, Neinstedt, Stecklenberg, Bad Suderode, Allrode und Friedrichsbrunn
Ein etwas anderer Wanderführer

Bernd Sternal, Günter Wilke

Sucht man einen Reiseführer für den Harz, so stößt man auf ein breites Angebot für die unterschiedlichsten Interessengebiete. Jedoch ist der Harz, vom Territorium her betrachtet, recht weitläufig. Das führt dazu, dass viele dieser Führer sich mit ihren Informationen auf das Notwendigste beschränken müssen. Nun gibt es die verschiedensten Interessengebiete: Zwei davon sind die Geologie und der Bergbau. Beide sind im Harz in einer seltenen Vielfalt und Ausprägung aufzufinden.

Für die Region Thale hat sich der Heimatforscher Günter Wilke dieser Themen angenommen und in langjähriger, beschwerlicher Entdecker- und Forschertätigkeit 162 bergbauliche Relikte in dieser Region erkundet und zusammengetragen. Gemeinsam mit dem Autor Bernd Sternal wurde daraus ein kleiner, spezieller Führer durch die bergbauliche Vergangenheit der Region Thale.

it größtmöglicher Sorgfalt wurden alle aufgefundenen Objekte in eine Karte eingezeichnet, so dass sie hoffentlich von Interessenten aufgefunden werden können. Leider gab es bei Beginn dieses Projektes noch kein GPS, was natürlich die genaue Positionsbestimmung erheblich verbessert hätte. Dennoch hoffen die Autoren, bergbaulich Interessierten eine hilfreiche Entdecker-Lektüre in die Hand geben zu können.

Das kleine Buch ist mit 16 schwarz-weiß Fotos sowie einer farbigen Karte illustriert.

Taschenbuch ISBN: 978-3-7347-9497-1

Das Gernröder Wasserwirtschaftssystem – ein Relikt der bergbaulichen Aktivitäten des 18. Jahrhunderts

Bernd Sternal, Günter Wilke

Das Oberharzer Wasserregal ist in aller Munde:
ein Weltkulturerbe-Titel für dieses Bergbaurelikt wurde vergeben.

Das Unterharzer Wasserwirtschaftssystem, mit dem Zentrum in der Harzgeröder Region, das bis in den Südharz reicht, ist hingegen noch weitgehend unerforscht und nur Bergbau-Enthusiasten bekannt.

Das es jedoch noch ein kleines, völlig unabhängiges Wasserwirtschaftssystem im Gernröder Bergbaurevier gab, ist wohl bisher fast völlig unbekannt geblieben. Erst durch die Forschungen des Thalenser Heimatforschers Günter Wilke ist dieses kleine Wasserregal entdeckt worden.

Zusammen mit ihm hat sich der Harzautor Bernd Sternal die Aufgabe gestellt, die Erkenntnisse über dieses Wasserwirtschaftssystem, das weitgehend im 18. Jahrhundert entstanden ist, in einem kleinen Buch der interessierten Öffentlichkeit zu präsentieren.

Das kleine Buch ist mit 41 Farbfotos sowie 6 Karten und 2 weiteren schwarz-weiß Abbildungen illustriert.

Taschenbuch ISBN: 978-3-7347-3421-2

Die Region Quedlinburg im 9. und 10. Jahrhundert
Autor: Bernd Sternal

Von den Liudolfingern und von Markgraf Gero
Über den Allodialbesitz der Liudolfinger am Nordharz
Über den Aufstieg von Markgraf Gero
Warum die Region Quedlinburg zur Wiege des
Heiligen Römischen Reiches Deutscher Nation wurde

Wenig wissen wir bisher über die Besitzerlangung – Allodialbesitz – und die Besitzstrukturen der Liudolfingischen Sachsen in der Region Quedlinburg. Es gibt nur Mutmaßungen und Thesen an Hand der wenigen Quellen. Nachfolgend möchte ich meine persönliche These darlegen, die auf meinen umfangreichen Studien der Harzregion des 8. - 10. Jahrhunderts, sowie in den Jahrhunderten davor, beruht.

Taschenbuch: ISBN: 978-3-7357-1972-0

Harzer Persönlichkeiten – Lebensbilder, Band 1
Autor: Bernd Sternal

Die Harzregion hat in der Vergangenheit zahlreiche Persönlichkeiten hervorgebracht, die Besonderes oder sogar Außergewöhnliches geleistet haben. Andere Menschen haben den Harz als ihre Heimat auserkoren und hier, mittels ihrer Schaffenskraft, Bleibendes hinterlassen. Diese Menschen möchte ich vor dem Vergessen bewahren. Im ersten Teil finden sie: Wilhelm August Julius Albert, Karl Blossfeldt, Hermann Bruno Otto Blumenau, Friedrich Adolph Roemer, Gustav Adolf Spengler, Johann August Röbling, Dorothea Christiane Erxleben, Wilhelm Schmidt, Georg Heinrich & Elisabeth Concordia Crola, Emil Mechau, Martin Heinrich Klaproth, Roswitha von Gandersheim, Gottfried August Bürger, Carl Friedrich Christian Mohs, Georg Christian Konrad Hunaeus, Albert Friedrich Emil Niemann, Claire

von Glümer, Heinrich Engelhard Steinweg, Karl Heinrich Adolf Ledebur, Friedrich August Christian Wilhelm Wolf, Christian Friedrich Gille, Johannes Thal, Andreas Werckmeister, Friedrich Reese und Robert Koldewey. Die Lebensbilder werden durch 14 farbige und 84 schwarz-weiße zeitgenössische Abbildungen ergänzt.

Taschenbuch: 978-3-7386-5979-5

Der Harz – Faszination Natur

Autor: Bernd Sternal

Wir treten für den Schutz von Eisbären, Tigern, Löwen und anderen Raubtieren ein, den Wolf in Deutschland lehnen wir jedoch zum Großteil ab und auch der teilweise wieder angesiedelte Luchs ist vielen suspekt. Wir schützen Tiere und Pflanzen, wobei der Schwerpunkt auf niedlichen und ungefährlichen Tieren liegt, bei Pflanzen müssen diese möglichst ansehnlich sein, hübsch blühen oder wohlschmecken. Borkenkäfer, Fliegen, Wespen, Weg- und Gartenameisen, Motten, Asseln und vieles mehr haben hingegen keine Lobby, dennoch sind sie alle Bestandteile unserer Natur.

Wir unterscheiden in Neobiota und einheimischer Flora und Fauna. Unter ersterem versteht man Arten von Tieren und Pflanzen, die erst nach dem 15. Jahrhundert hier eingeführt oder eingewandert sind. Dazu zählen beispielsweise bei den Tieren: Waschbären, Marderhunde, Nerze, Nutrias, Mufflon oder Streifenhörnchen. Bei den Pflanzen ist der Riesenbärenklau derzeit in aller Munde, es gibt jedoch weitere unzählige Arten. In Deutschland kommen mindestens 1.100 gebietsfremde Tierarten vor. Davon gelten allerdings nur etwa 260 Arten als etabliert, darunter 30 Wirbeltierarten.

Übrigens: Auch die Kartoffel, die Tomate, der Paprika und die Gurke sind Neophyten, also nicht heimische Arten.

Wir beginnen dann Arten in nützliche und schädliche zu unterscheiden. Dabei nehmen wir wenig Rücksicht auf die Rolle der jeweiligen Art in den Ökosystemen, oftmals kennen wir diese auch gar nicht. Wir führen Tiere und Pflanzen aus der ganzen Welt ein und sind dann verwundert, wenn die eine oder andere Art außer Kontrolle des Menschen gerät und sich unkontrolliert vermehrt. Den Rest, in Bezug auf neobiotische Pflanzen, Tiere und Pilze, erledigt die Globalisierung.

Auch unsere Landschaft verändern wir fortwährend. Was durch geologische Prozesse in vielen Millionen Jahren entstanden ist, weckt seit einigen Jahrhunderten das zunehmende Interesse des Menschen. Wir betreiben Bergbau - unterirdisch und in Tagebauten -, wir fördern Erdöl und Erdgas aus den Tiefen unseres Planeten, wir bauen Sand, Kies, Kalk, allerlei Gestein und vieles mehr ab.

Zwar versuchen wir mittlerweile den Abbau fossiler Brennstoffe zu begrenzen und einen Ausstieg vorzubereiten, jedoch ist die Bauindustrie unersättlich. Unsere Städte, Dörfer, Verkehrswege und Firmenanlagen fordern ihren Tribut. Jedoch muss der Großteil der Welt erst noch Straßen und feste Gebäude erbauen. Wollen wir das diesen Menschen versagen?

Im Buch finden sie 71 farbige und 27 schwarz-weiße Fotos sowie 16 farbige und 37 schwarz-weiße Abbildungen zu den einzelnen Themen.

Taschenbuch: 978-3-7460-9967-5

80